게르할더스 보스,

그는 누구인가?

게르할더스 보스,
그는 누구인가?

초판 1쇄 2020년 5월 30일

발 행 인 정창균
지 은 이 김영호
펴 낸 곳 합동신학대학원출판부
주 소 16517 수원시 영통구 광교중앙로 50 (원천동)
전 화 (031)217-0629
팩 스 (031)212-6204
홈페이지 www.hapdong.ac.kr
출판등록번호 제22-1-2호
인 쇄 처 예원프린팅 (031)902-6550
총 판 (주)기독교출판유통 (031)906-9191

ISBN 978-89-97244-80-5 93230
값은 뒷표지에 있습니다.

「이 도서의 국립중앙도서관 출판예정도서목록(CIP)은 서지정보유통지원시스템 홈페이지(http://seoji.nl.go.kr)와 국가자료종합목록 구축시스템(http://kolis-net.nl.go.kr)에서 이용하실 수 있습니다. (CIP제어번호 : CIP2020015738)」

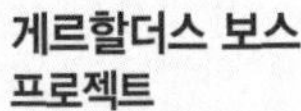

게르할더스 보스, 그는 누구인가?

김영호

합신대학원출판부

오늘날 교회는 한편으로는 반지성주의와 반교리적 경향을 띠는 동시에, 다른 한편으로는 지나친 지성주의와 특정 신학지상주의에 깊이 매몰된 모습을 보이고 있습니다. 이러한 현상은 크게 보면 각 교파의 신학적 특성에 따른 현상이기도 하지만, 어떤 면에서는 같은 교파 안에서도 개교회의 말씀 사역자의 신앙과 신학적인 신념에 따라 나타나는 특징이기도 합니다. 문제는 많은 그리스도인들이 자신도 모르는 사이에 이 둘 중 하나를 따라 신앙생활을 한다는데 있습니다.

하지만 이러한 현상들은 신자 개인은 물론 교회에 큰 해를 끼칩니다. 오늘날 교회 안에는 성경문맹률이 점점 높아지고 있습니다. 이는 일반 신자는 차치하고 심지어 설교자인 목사들까지도 성경을 학문적으로 읽는 일에 너무도 오랫동안 소홀히 해 왔기 때문입니다. 그 결과 우리는 문학적이고 역사적인 동시에 신학적인 원리에 충실한 성경읽기 능력을 잃어버렸습니다. 그리고 그 자리를 주관주의가 차지하게 됨으로써, 신자는 성경에서 하나님의 뜻을 찾고 감격하며 순종하는 일에 무기력하게 되었습니다. 이것이 반지성주의와 교리를 거부하는 경향성이 가진 해로움입니다.

반대로 과도한 지성주의와 신학지상주의의 폐해 또한 만만치 않습니다. 오늘날 교회에는 성경에 대한 해석적 폭력자들의 수가 점점 많아지고 있습니다. 그들은 특정 교리를 교리의 전(全) 체계와 교리사적 문맥에서 무분별하게 떼어 자의적으로 성경에 대입하고, 해당 성경구절이 그 교리의 문구를 말하도록 강요합니다. 예를 들어 예수님의 세례를, 로마서 6장에 나오는 바울의 세례관으로 읽으려 하는 것입니다. 즉, 예수님이 세례를 받으실 때, 물에 잠겼다가 물 위로 올라온 것이 십자가 죽음과 부활을 의미한다고 주장하는 것입니다. 이러한 해석 때문에 세월이 지나고 세대를 건너는 가운데 맥락이 있는 이야기가 지닌 긴장은 사라지게 됩니다. 결국 성경은 단순한 구절모음집으로 의미가 축소되고, 신자는 하나님이 역사 안으로 들어오셔서 이루어 가시는 일에 참여하는 감각을 잃어버리게 됩니다. 나아가 신학지상주의는 특정한 해석을 정당한 기준 이상으로 우위에 두게 하고, 이는 결국 진리의 다른 표현이나 옳은 해석의 다양한 의견 중 하나조차 모두 배격하는 독선의 모습을 띠게 됩니다. 이것이 과도한 지성주의와 특정 신학을 이상화하는 경향성이 가진 해로움입니다.

이제 교회는 이 두 극단이 초래한 현실을 직시해야 합니다. 그리고 새로운 길을 찾아야 합니다. 또 그 새로운 길을 위해 누구를 우리의 모델로 삼을지, 또 어떤 신학에서 올바른 지침을 구해야 할지를 고민해야 합니다. 늦었지만 지금이 바로 그 때입니다.

이러한 엄중한 상황에서 게르할더스 보스와 그의 작품을 주목하는 것은 대단히 환영할 일입니다. 왜냐하면 기독교 역사상 보스만큼 성경신학과 교의학을 하나가 된 신학으로 구현해 낸 인물이 없기 때문입니다. 그와 함께 동시대를 살았던 여러 사람들은 그를 다음과 같이 평가했습니다. "그는 프린스턴에 있었던 가장 뛰어난 주석가였다"(워필드). 베토벤 옆에 있으면 보이지 않는 음악이 현실로 나타나듯이, 보스 곁에 있으면 창조의 본래 목적과 인간의 궁극적인 목표가 그 모습을 확연하게 드러내고, 하나님과의 언약적 교제와 종말론적 안식을 가까이 느낄 수 있기 때문이다. 그는 100년이 지나도 빛이 바래지 않을 책들의 저자입니다(스톤하우스). 그는 산책가요, 굉장한 독서가요, 놀라운 지식의 소유자요, 시와 그림의 애호가였습니다. 그는 강의를 통해 성경의 일부구절에 대한 해석을 넘어 하나님의 말씀을 연구하고자 하는 열의를 일으키는 사람이었습니다. 보스의 제자들은 이것에 가장 감사했습니다(더바드).

"보스의 강의를 들은 학생들은 매 강의마다 대여섯 개의 설교 아웃라인을 가지고 강의실을 떠났습니다"(반틸, 더바드). 어떻게 그것이 가능했을까요? "보스는 거룩한 교의에 이르는 길이 기록된 성경을 조사하고 연구하는데 있다고 확신했고, 그 확신에 공감을 일으킬 줄 알았기 때문입니다"(머레이). 또 "보스는 어떤 강의를 하든지 언어와 철학, 그리고 교의학이 웅장하게 하나가 된 해석을 듣도록 했기 때문입니다"(반틸).

이런 점에서 만약 오늘날의 교회가 보스라는 위대한 인물과 또 그의 책들을 소화할 수만 있다면, 하나님의 말씀을 그분의 심원한 의도대로 읽을 수 있는 진정한 성경독자로 거듭날 수 있을 것입니다. 하지만 언제나 문제는 보스와 보스의 책들 또한 다른 수많은 고전작가들과 그들의 고전작품들처럼, 그 이름은 들어보았으나 실제로는 제대로 알지 못하고, 그의 서적들을 구입은 했으나 자세히 탐독한 적이 없다는 것입니다.

합동신학대학원대학교는 이런 상황을 되돌아보고 동시에 앞으로 한국교회가 나아갈 길을 내다보며 게르할더스 보스와 보스의 『교의학』을 번역, 소개, 해설하는 "합신 게르할더스 보스 프로젝트"를 진행하고 있습니다. 그 일환으로 먼저 게르할더스 보스 입문서로 이 핸드북을 저술하였습니다.

이 핸드북에서는 '보스가 누구이고, 어떤 삶의 행적을 남겼으며, 어떤 점에서 오늘날 우리와 교회를 위한 신학의 대안이 될 수 있는가?' 하는 질문을 염두에 두고, 총 일곱 꼭지로 나누어 다루게 될 것입니다. 먼저 보스의 생애를 살펴보도록 하겠습니다(1장). 그리고 보스의 교의학과 성경신학을 간단하게 소개할 것입니다. 이를 통해 보스가 탁월한 성경신학자이기에 앞서 전문적인 교의학자였다는 점을 주목하게 될 것입니다(2-3장). 이어서 보스의 신학이 가진 독보적인 면을 살펴보겠습니다. 여기에서 보스의 신학적 사고와 저술의 근간이 되는 교의학과 성경신학이 하나가 된 신학을 만나게 될 것입니다(4장). 이 관찰을 근거로 보스 신학의 현대적 의의와 과제를 지적하고(5장), 보스 저작들에 대해 최근에 일어나는 관심과 다양하게 이루어지는 출판에 대해 살펴보겠습니다(6장). 마지막으로 앞으로 더 많은 이들이 보스와 그의 신학에 대한 연구와 토론에 참여하기를 기대하면서, 뒤에 자세한 참고문헌과 온·오프라인 참고처를 덧붙였습니다(7장).

이 책을 저술할 수 있도록 격려해 주신 정창균 총장님께 감사드립니다. 핸드북의 초고를 읽고 많은 제안과 유익한 비평을 해 준 신영선, 박두태, 한정석 학우들께 고마운 마음을 전합니다.

이 핸드북과 합신 게르할더스 보스 프로젝트가 성경을 읽고 거룩한 교리를 이해하며, 역사 속에서 하나님이 하시는 일에 능동적으로 참여하고자 하는 한국교회와 그리스도인들에게 작은 도움이 되기를 바랍니다.

2020년 2월 5일

서재에서 김 영 호

1

보스의 생애

학생시절

보스와 보스의 가족

게르할더스 보스(Geerhardus Vos; 1862-1949)는 1862년 3월 14일 네덜란드 프리스란트 헤어런페인(Heerenveen)에서 독일 구개혁교회(Altreformierte Kirche) 목사의 첫째 아들로 태어났다.

보스가 태어났을 때, 보스의 아버지는 독일을 떠나 화란의 시골 교회의 목사로 일하고 있었다. '어떻게 독일인이 화란에서 목회할 수 있을까? 언어는 문제가 되지 않을까? 신학적인 갈등은 있지 않았을까?' 이 모든 궁금증은 보스의 아버지 얀 보스(Jan Vos; 1826-1913)와 어머니 알쳐 보이커 보스(Aaltje Beuker Vos; 1829-1910)가 태어난 장소를 알게 되면 곧 풀린다. 보스의 부모는 독일 벤트하임 그라프샤프트(Grafschaft)라는 곳에서 태어났다. 어머니 알쳐 보스는 독일 개혁교회에 다녔고, 아버지 얀 보스는 구개혁교회에 출석했다. 구개혁교회는 독일개혁교회가 장로교 정치와 건전한 교리, 교회의 독립성을

버렸다고 판단하여 나온 교단이었다.[1]

그라프샤프트에서 조금만 서쪽으로 가면 곧바로 화란 국경이 나온다. 자동차로 약 95km 거리에 깜뻰이 있다. 1854년 화란 기독개혁교회(Christelijke Gereformeerde Kerk)는 이곳에 신학교를 세웠다. 그런데 깜뻰 신학교는 기독개혁교회만이 아니라, 구개혁교회를 위한 목회자 양성기관이기도 했다. 이 학교에서 헤르만 바빙크(Herman Bavinck; 1854 - 1921), 끌라스 스킬더(Klaas Schilder; 1890 - 1952)와 같은 세기를 밝힌 신학자들이 나왔다. 얀 보스는 이 학교의 초기 학생 중 하나였다.

신학교를 마친 얀 보스는 고향으로 되돌아갔다. 1858년 독일 벤트하임 윌전(Uelzen)의 구개혁교회에서 목회를 시작한다. 그런데 약 2년 후 1860년 화란 프리스란트 헤어런페인의 기독개혁교회의 청빙을 받는다. 그 후 얀 보스는 네 차례 더 목회지를 옮긴다. 1865-1870년 카트베이크 안 제이(Katwyk an Zee), 1870-1874년 루떤(Lutten), 1974-1878년 페어니스(Pernis), 1878-1881년 오먼(Ommen)[2]이었다.

1 D. E. Olinger, *Geerhardus Vos: Reformed Biblical Theologian, Confessional Presbyterian* (Philadelphia: Reformed Forum, 2018), 3-4.

2 보스의 전기를 쓴 올링거는 얀 보스가 특정한 교회에 머물지 않고 여러 교회를 전전한 것처럼 생각한다. 하지만 화란개혁파교회에서 4-5년을 주기로 목사가 사역지를 옮기는 일은 자주 있다. 그렇게 하지 않는 사람이 드물어서 마치 '규칙'처럼 보이기도 한다. 얀 보스도 마찬가지이다. 다만 미국이민을 결정할 때가 예외적으로 짧은 것을 관찰할 수 있다.

청소년 시절

보스는 13살이 될 때까지 이렇다 할 교육을 받지 못했다. 그러다가 아버지가 다섯 번째 목회지에서 일할 때, 그곳 공립학교에 다녔다. 얀 보스가 페어니스에서 사역할 때, 페어니스에서 약 12km 떨어진 스키담(Schiedam)이라는 곳에 있는 따위랜 기독학교에서 라틴어, 그리스어, 논리, 문학, 역사, 지리 등을 배우게 된다. 하지만 이 학교의 교과 과정은 화란 대학에 입학할 요건을 갖추지 못했다. 그래서 보스의 부모는 아들을 스키담의 프랑스 학교에 등록하고, 엥겔브렉히트라는 기독개혁교회 목사의 집에 머물게 한다. 보스는 여기서 영어와 불어를 익히는데, 훗날 스트라스부르크에서 학위를 할 때, 큰 도움이 된다.

1878년 16살이 되었을 때, 보스는 암스테르담에 있는 한 김나지움에 들어간다. 당시 보스의 삼촌인 헨드리커스 보이꺼가 암스테르담 기독교회의 목사로 일하고 있었는데[3], 보스는 삼촌에 집에 머물면서 공부한다.

---

3 Olinger, *Geerhardus Vos*, 9.

보스는 여기서 도시와 문화, 학문을 만났고, 부지런함과 열정으로 소화해 냈다.[4] 보스는 문학, 특히 시의 세계에 깊이 들어가게 된다. 김나지움 선생님 중에 호프데이크(Wilhem Jacobsz Hofdijk)라는 분이 있었는데, 당시 화란에서 유명한 시인이었다. 호프데이크의 지도로 보스는 시인으로 훈련을 받았다. 나중에 보스는 호프데이크 선생님의 시를 모아서 출판하기도 했다.[5]

게다가 보스의 김나지움 동료들은 후에 주로 문학과 예술에 종사했다. 헤르만 호터는 화란에서 시인이 되었고, 알퐁스 딥펜브룩은 작곡가가 되었다. 이 두 사람은 훗날 화란 예술과 문학사에서 "80인 운동"(Tachtigers)의 지도자가 된다. 예외가 있다면 헤르만 카이퍼이다. 카이퍼의 첫째 아들로, 헤르만 카이퍼는 후에 화란 자유대학의 역사교수가 되었다.[6]

보스가 암스테르담 김나지움 시절에 받은 교육과 문학훈련은 보스의 신학자 삶뿐만 아니라, 그의 은퇴 후 삶을 예고하고 있다.

---

4 Olinger, *Geerhardus Vos*, 10, 각주 19. 여기서 룻거스의 보고를 통해 보스의 진보를 확인할 수 있다.

5 Olinger, *Geerhardus Vos*, 9.

6 Olinger, *Geerhardus Vos*, 10-11.

미국으로 이주

1881년 보스가 김나지움을 마쳤을 때, 얀 보스는 미국으로 이민을 떠나기로 결정한다. 얀 보스가 미국 미시간 주 그랜드 래피즈에 있는 기독개혁교회(Christelijk Gereformeerde Kerk te Grand Rapids)에 속한 스프링 스트리트 기독개혁교회에 청빙을 받고 수락했기 때문이다. 보스 앞에는 세 가지 길이 있었다. 가족과 함께 미국으로 가서 대학에 들어가는 길이 하나요, 혼자 남아 화란에서 학업을 이어가되 아버지와 삼촌이 속한 기독개혁교회 신학교에 입학하는 길이 둘이요, 세 번째 길은 카이퍼가 새로 설립한 자유대학에 들어가는 것이었다. 학문적으로 가장 나은 것은 자유대학이었고, 자신과 가족이 신학적으로 가장 선호한 것은 깜뻰 신학대학교이었다. 그러나 보스는 가족과 함께 그랜드 래피즈로 떠나는 길을 선택했다.

당시 그랜드 래피즈는 남북전쟁이 끝나고 노예해방이 선언된 지 20년이 채 안된 곳이었다. 이곳에 수많은 화란 이주민들이 있었다. 화란에서 신학적 자유화에 반대하던 "분리운동"에 참여한 사람들의 10%가 이곳으로 몰려들었기 때문이다.[7]

7 Olinger, *Geerhardus Vos*, 11.

그랜드 래피즈에 많은 화란 이주민이 들어오고, 스프링 스트리트 교회에는 400가정 1,500명이 넘는 사람들이 찾아왔다. 그러나 기독개혁교회의 신학교(Theologische School der CRC te Grand Rapids)는 작았다. 전체 학생이 10명밖에 되지 않았다. 1881년 보스는 그랜드 래피즈에 도착한 후 이 학교에서 신학을 시작한다.

대학 시절 및 학위과정

그랜드 래피즈(1881. 9 - 1883. 6)

보스는 이 학교에 들어가자마자 두각을 나타내었다. 그는 1881년 9월에 등록을 했는데, 그 다음학기 곧 1882년 3월부터는 당시 이 학교의 유일한 교수였던 부어(Geert Egbert Boer; 1832-1908)의 조교가 된다. 단순한 조교가 아니라 가르칠 수 있는 조교였다. 보스는 그 해 6월 28일에 히브리어, 성경역사, 자연신학, 종교학 개론, 성경지리, 이스라엘 고대사, 해석학 시험을 보고, 디플로마(diploma)를 받는다. 보스는 신학을 시작한 지 2년 만에 전체 과정의 절반을 마친다. 여기서 보스는 고급과정에 들어갈 수 있었다. 그리고 1883년 5월

CRC 신학교는 보스에게 강사(regular docent) 직을 제안했다.[8]

그러나 보스는 이 제안을 거절한다. 뉴저지에 있는 프린스턴으로 옮겨 신학을 계속하기 위함이었다. 신학의 심화를 위한 선택이었다. 이것은 바빙크가 깜뻰에서 레이든으로 옮긴 것과 동일한 걸음이었다고 볼 수 있다. 이것이 1883년이었다.

프린스턴(1883. 9. 20 - 1885. 6)

1883년 8월 중순, 보스는 프린스턴으로 옮기기 전에 당시 프린스턴 신학교 사무주임이었던 로버트(William Henry Roberts)에게 편지를 쓴다. 이 편지와 함께 보스는 자신이 지금까지 배운 내용과 성적을 함께 보낸다. 자신은 히브리어를 공부하고 시험에 통과했음을 알린다. 프린스턴의 정규과정 1년 차에 있는 모든 과목을 이미 이수했다고 말한다. 그래서 1학년이 아닌 2학년으로 입학하여 공부할 수 있는지 문의 겸 제안을 했다.[9] 로버트는 보스의 제안을 받아들였다.

보스는 프린스턴 신학교에서 조직신학자 찰스 핫지의 아들 아키발드 핫지, 당시 신진학자였던 벤저민 워필드, 구약학자

8 J. T. Dennison, "The Life of Geerhardus Vos," in J. T. Dennison, *Letters of Geerhardus Vos* (New Jersey: P&R, 2005), 18-19.

9 "Vos to W. H. Roberts, Aug. 17, 1883", in J. T. Dennison, *Letters of Geerhardus Vos* (New Jersey: P&R, 2005), 115.

핸리 그린 등 당대 최고의 지성과 경건을 가진 학자들을 만났다. 보스는 특히 구약에 집중했다. 당시 성경비평학이 학문적 신학이라는 이름 하에 유럽을 휩쓸었다. 미국에도 영향을 주기 시작했다. 보스는 독일의 벨하우젠, 화란의 쿠에넌 등 구약비평의 최첨단 저작들을 면밀히 검토하고, 그린의 지도하에 『오경의 모세 기원』(The Mosaic Origin of the Pentateuchal Codes, 1886)이라는 논문을 쓴다. 그린은 이 논문을 매우 훌륭하다고 생각했다. 그린이 판단할 때, 훌륭한 것 이상이었다. 그린은 이 논문을 보고, 이 글을 쓴 학생을 이미 함께 일할 동료학자로 보기 시작한다. 스승인 그린은 또한 이 논문을 기반으로, 보스에게 유럽으로 건너가 학위를 계속할 수 있도록 장학금을 마련해 주었다. 이렇게 해서 보스는 1885년 6월 프린스턴에서 만 2년 생활을 마감했다.

베를린(1885. 10. 20 - 1886. 8. 9)

1885년 보스는 독일로 떠난다. 박사학위 과정을 밟기 위함이었다. 동시에 석사학위 논문으로 프린스턴에서 히브리어 연구원 연구비를 받았으므로 구약을 좀더 심화하려는 목적도 있었을 것이다. 보스는 1885년 10월 20일 독일 베를린 대학에 등록하여, 이듬해 여름까지 공부한다. 여기서 보스는 구약학자 아우구스트 딜만(August Dillmann; 1823 - 1894), 유대주의 학자 헤르만 스트락(Hermann L. Strack; 1848 - 1922), 고대근동학자 에버하트 슈라더(Eberhard Schrader; 1836 - 1908), 셈어학자 야콥 바르트(Jacob Barth; 1851 - 1914), 신약학자 베언하트 바이스(Bernhard Weiss; 1827 - 1918), 철학자 에두아드 젤러(Eduard Zeller; 1814 - 1908) 및 프리드리히 파울센(Friedrich Paulsen; 1846 - 1908) 등의 강의를 듣는다.

여기서 이상한 점이 있다. 보스는 독일 베를린 대학에서 이 강의들과 세미나에 참석하기 전에 어학과정을 따로 한 적이 없다. 어떻게 독일어를 배우지 않았는데, 곧바로 강의를 듣고 세미나에 참여할 수 있었는가? 이것은 보스의 아버지가 목회할 때와 정반대로 생각할 수 있다. 보스는 화란에서 태어났지만, 독일어를 하는 부모에게서 자랐다. 모국어가 둘인 셈이다.[10]

베를린 대학 유학시절에, 보스는 구약 과목에 큰 매력을 느끼지 못했던 것으로 보인다. 구약 자체가 아니라, 구약을 비평적으로 연구하는 것을 생산적으로 보지 않았다. 그럼에도 보스는 책임있게 공부했다. 무엇보다도 보스는 여기서 유대주의를 깊이 연구했다. 이것은 훗날 『바울 종말론』이나

10 보스는 평생 독일어를 간직했다. 나아가 자녀들에게도 독일어를 가르쳤다. 보스는 자녀들에게 집에서는 독일어로 대화하도록 했다.

다른 저술에서 유대주의 문헌을 비판적으로 다룰 때 잘 나타난다.

1886년 보스는 베를린에서 두 번째 학기를 맞았다. 크리스마스 때인지 2월 중순에서 4월 중순 사이인지 말하지 않지만, 보스는 두 번째 학기가 시작되기 전 화란에 다녀왔다.[11] 그 해 봄, 보스는 화란 암스테르담에서 뜻밖의 제안을 담은 편지를 받는다. 아브라함 카이퍼와 화란 자유대학 운영회에서 온 편지였다. 보스를 구약교수로 초빙한다는 내용이었다!

보스는 쉽게 결정하지 못한다. 세 가지 이유에서이다. 첫째, 유럽으로 온 목적 때문이다. 보스는 자신의 학문에 완성도를 높이고 싶어했다. 그 외에 다른 목적이 없었다. 둘째, 만일 카이퍼의 제안을 받아들이면, 다시 자신의 삶을 "옛날의 본래 토양에 심는 것"이 된다. 이것은 생각해 보지 못한 것이다. 셋째, 만일 화란에서 카이퍼와 함께 일하게 된다면, 이것은 아버지에게 깊은 상처를 줄 수 있었다. 아버지와 삼촌은 카이퍼가 복음사역과 정치 사이에서 줄타기를 하고 있는 것으로 보았고, 카이퍼의 정치활동을 탐탁치 않게 여겼다. 만일 보스가 카이퍼의 자유대학 운동을 강하게 지지했다면, 함께

11 "Vos to W. H. Roberts, May. 28, 1886", in Dennison, *Letters of Geerhardus Vos*, 117.

이민을 가지 않고 남을 수도 있었을 것이다. 하지만 보스는 그렇게 하지 않았다. 보스는 카이퍼가 제안한 날짜가 아닌 8월 중순 아니면, 6월 13일에 시작될 오순절 방학 때가 어떤지 제안한다.[12] 그러나 6월 7일 보스는 카이퍼에게 오순절에는 어렵겠다고 말한다. 임시적인 일이지만 부모에게 알리지도 않고 독단적으로 할 수 없다는 것이 첫째 이유요, 건강상 짧은 기간에 긴 여행을 두 번이나 할 수 없다는 것이 둘째 이유였다.[13]

하지만 보스의 이 "논거" 배후에는 가족뿐만 아니라 CRC 신학교가 있었다. 이것은 보스가 카이퍼에게 보낸 편지에 나타나지 않는다.[14] 하지만 정황상 분명하다. 보스는 카이퍼에게 교수초빙제안을 받고, 그랜드 래피즈에 있는 부모에게 편지를 써 이 일을 의논한 것 같다. 미국 CRC 총회는 곧바로 움직인다. 이 움직임을 다양하게 묘사한다. 어떤 사람은 CRC 신학교가 보스를 "교수"로 초빙했다고 하고[15], 어떤 사

---

12 "Vos to W. H. Roberts, May 28, 1886", in Dennison, *Letters of Geerhardus Vos*, 117; 1886년에 오순절은 6월 13일이었다.

13 "Vos to Abraham Kuyper, June 7, 1886", in Dennison, *Letters of Geerhardus Vos*, 118.

14 "Vos to Abraham Kuyper, June 7, 1886", in Dennison, *Letters of Geerhardus Vos*, 116-118.

15 J. G. Vanden Bosch, "Geerhardus Vos", RefJ 4 (1954), 11.

람은 6월에 “세 번째 강사”로 초빙하는 편지를 보냈다고 주장하기도 하며[16], 어떤 사람은 1886년 6월 17일 CRC 총회가 보스를 주경 및 교의신학 교수로 임명했다고 말하기도 한다.[17] 어느 경우든, 보스가 카이퍼에게서 화란 자유대학의 교수로 초빙받은 사실이 알려지자마자, 미국의 CRC 신학교가 그를 교수로 “임명”한 것은 사실로 보인다. 그리고 이 세 가지 해석 중에서 두 번째가 자료에 가장 가깝다. 보스는 유럽에서 학위를 마치고 미국으로 출항하기 3일 전에 바빙크에게 편지를 쓴다. 거기에 “이 세 번째 강사”의 역할을 말한다. “영어를 가르치고, 영어의 중요성을 진작시키는 일을 위해 임명을 받았다”는 것이다.[18]

보스는 카이퍼의 제안을 거절했다.[19] 자유대학 측에서는 몇 달 동안 위원장과 면담을 갖게 하는 등 노력을 계속했고 보스

---

16 Dennison, *Letters of Geerhardus Vos*, 22, 각주 36.

17 Olinger, *Geerhardus Vos*, 23: “professor of esegetical and dogmatic theology”; Webster, “Geerhardus Vos. A Bibliographical Sketch”, WTJ 40 (1978), 305: “Professor of Systematic and Exegetical Theology”.

18 “Vos to Herman Bavinck, June. 16, 1887”, in Dennison, *Letters of Geerhardus Vos*, 125.

19 얀센은 보스가 박사학위를 마치고 난 후 거절했다고 말하는데(Jansen, “Biblical Theology of Geerhardus Vos”, PSB 66 [1974], 23), 이것은 사실이 아니다. 보스가 학위를 마친 것은 1888년 4월이다. 하지만 보스는 이미 1886년 10월 7일 카이퍼에게 보내는 편지에서 거절의사를 밝혔다. 물론 보스가 CRC 신학교 교수직을 수락하기 위해서였다는 얀센의 주장은 1886년 봄부터 1888년 8월까지 전체적인 상황을 고려할 때, 일리가 있다.

도 응했다. 그러나 결국 보스는 미국에서 주어진 일을 하기로 결심했다.

아직 다하지 못한 공부, 자유대학과 CRC 신학교에서 초빙, 화란과 미국이라는 두 세계 사이에서 갈등 등으로 보스의 베를린 생활은 생각보다 복잡했다. 베를린에서 두 번째 학기가 막바지에 이르렀을 때, 1886년 6월 바빙크가 베를린에 방문했다. 바빙크의 방문은 보스에게 큰 힘이 되었다. 보스는 바빙크와 현재 화란과 미국의 신학동향을 토론하고, 자신의 미래도 의논했다. 이 토론은 후에 보스의 CRC 신학교 교수취임연설의 주제가 되었고, 이 의논 후에 보스는 다음 학기에 스트라스부르그로 옮겨 학위를 계속하게 된다.

스트라스부르그(1886. 10. 27 - 1888. 5)

보스가 스트라스부르그로 옮겼을 때, 그는 전공으로 셈어를 선택한다. 아랍어, 이집트어, 히브리어였다. 부전공으로 철학과 교회역사를 선택했다. 보스는 스트라스부르그에서 철학 연구에 힘을 쓴다. 특히 인식론과 칸트에 몰두했다. 스트라스부르그에는 빈델반트(Wilhelm Windelband; 1848-1915)라는 신칸트주의 철학자가 있었는데, 그의 논리학 강의에 참여했다. 빈델반트는 이 강의에서 칸트의 『판단력 비판』을 다루었다. 보스는 빈델반트가 일주일에 한 시간 여는 "자유의지" 강의에도 참석했다. 또 데오도르 뇔데케(Theodor Nöldeke; 1836 - 1930)라는 저명한 구약학자가 있었는데, 보스는 그의 수업에 참여한다.[20]

스트라스부르그로 옮긴 후, 이듬해 여름 보스는 그랜드 래피즈에 다녀와야 했다.[21] 1887년 8월 3일 CRC 신학교 이사회(Curatorium)는 보스에게 박사학위에 속도를 낼 것을 요구했다.[22]

1887년 보스는 스트라스부르그로 돌아와 이듬해인 1888년 4월 26일 뇔데케의 지도 아래 아랍어 사본 연구로 박사학위를 받는다. 학위를 하는 동안 보스는 건강이 좋지 않았다.

보스는 박사학위를 취득한지 약 3주 후, 1888년 5월 19일 유럽을 떠난다. 과연 보스는 자신의 유학생활을 어떻게 평가했을까? 보스는 목표를 이루지 못했다고 보았다. 보스는

---

20 "Vos to Herman Bavinck, June 16, 1887", in Dennison, *Letters of Geerhardus Vos*, 126.

21 1887년 8월 보스는 레이든에서 설교를 했다. 데니슨은 보스가 미국으로 떠나는 배를 타기 위해 가는 길에 설교했을 것으로 추측한다.

22 이사회 회의록에는 보스의 박사학위 진척이 느리기 때문에 CRC 신학교에 임명도 늦어지고 있다고 기록한다. Cf. Dennison, "Life of Geerhardus Vos", 24. 독일에 유학을 떠난지 2년도 안되었는데, 박사학위가 늦어지고 있다는 말했다는 점은 쉽게 이해하기 힘들다.

바빙크에게 건강이 악화되었지만 아직도 "자신의 목표를 이루고 싶다"고 썼다.[23] 보스는 자신의 미래를 어떻게 보았을까? 보스는 그리 좋게 보지 않았다. 보스는 바빙크에게 자신은 미국으로 돌아가는데, 거기에 "자신의 자리가 있다는 느낌이 없다"고 썼다.[24] 그러나 보스의 느낌은 빗나갔다(cf. 렘 10:23; 잠 16:9).

보스는 그랜드 래피즈에 도착한 후, 1888년 6월 12일 이사회에 두 가지를 요청했다. 하나는 가을까지 강사임명을 미루어 줄 것과 다른 하나는 매 주일 설교해야 한다는 요구를 철회해 주는 것이었다.[25] CRC 신학교는 두 가지 요청을 모두 들어주었다. 보스는 그 해 가을 학기에 교수사역을 시작했고, 매주가 아니라 레 그레이브 에브뉴 기독개혁교회(Christian Reformed Church of Le Grave Avenue)에서 한 달에 한 번 영어로 설교하도록 해 주었다.[26]

---

23 "Vos to Herman Bavinck, June 16, 1887", in Dennison, *Letters of Geerhardus Vos*, 125.

24 "Vos to Herman Bavinck, June 16, 1887", in Dennison, *Letters of Geerhardus Vos*, 125.

25 Dennison, "Life of Geerhardus Vos", 25.

26 Olinger, *Geerhardus Vos*, 32. 나중에 더 바운(J. Y. de Baun) 목사가 레 그레이브 에브뉴 기독개혁교회에 부임하여 설교를 맡았기 때문에 보스는 교수사역에만 전념할 수 있었다.

교수 사역

칼빈 신학교(1888. 9. 4 – 1893. 8)

1888년 9월 4일 보스는 CRC 신학교, 현재 미국 칼빈 신학교에서 교육 및 주경신학 교수(professor of didactic and exegetical theology)로 활동을 시작한다.[27] 당시 학생은 약 40명이었다. 학교는 예과와 본과 둘로 나뉘어 있었는데, 각각 4년과 3년 과정이었다. 1893년 미시간 주 공교육 감독관의 보고서에, 이 학교에 예과가 있는 이유를 설명하고 있다. "이 기관은 사실상 신학교이다. 하지만 이 기관에 찾아오는 많은 젊은 학생들에게 인문학 교육이 전무하거나 부족하므로, 4년 동안 인문학 과정이 있다."[28] 이 보고서는 보스가 교수사역을 시작한 지 5년 후 상황을 묘사한 것이다. 또 CRC 신학교는 1894년 9월 신학생들을 위한 8개의 인문학과정을 개설했다.[29] 보스

27 Dennison, "Life of Geerhardus Vos", 25.

28 *Fifty-Seventh Annual Report of the Superintendent of Public Instruction of the State of Michgan with Accompanying Documents for the Year 1893* (Lansing: Robert Smith, 1894), 355; Olinger, *Geerhardus Vos*, 33, 각주 10 재인용.

29 미국 미시간 그랜드 래피즈에 소재한 칼빈신학교 및 칼빈대학 홈페이지에서 "역사"를 참조하라: http://www.calvinseminary.edu/aboutUs/history.php. 후에 일반 학생들에게도 개방하여 현재의 칼빈대학이 되었다.

가 교수사역을 시작할 당시 CRC 신학교가 정확히 이 체계였는지 확실하지 않지만 크게 다르지 않았던 것으로 보인다.

	구분	기간	보스
CRC 신학교	예과(Preparatory or Literary Department)	4년	
	본과(Theology Department)	3년	O
	총	7년	

왜냐하면 보스가 교수로 가르친 과목과 이전 학생으로 공부했던 내용이 비슷하기 때문이다.

보스는 고대사, 성경지리, 성경역사, 히브리어, 교리사, 종교역사, 신조학, 해석학, 설교학, 자연신학, 교의학 서론 등을 가르쳤다. 전학년에 걸쳐 있었다. 일주일에 23시간[30]에서 25시간[31]을 가르쳤다.[32]

보스는 1888년에서 1893년 동안, 전혀 다른 분야에서 주목할 만한 세 권의 책을 저술한다. 하나는『고전 그리스 문법』이

30 Dennison, "Life of Geerhardus Vos", 26.

31 Vanden Bosch, "Geerhardus Vos", 11; Jansen, "Biblical Theology of Geerhardus Vos", 23

32 Olinger, *Geerhardus Vos*, 33. 올링거는 보스의 수업시수가 학기마다 달랐을 것으로 추측한다.

다.[33] 다른 둘은 교의학 저술이다. 먼저『개혁교의학』이다.

『개혁교의학』은 1888년부터 1893년까지 매 학기 강의를 위해 보스 자신이 손으로 써서 등사한 강의노트이다. 처음에 보스는 자신의 책에 "개혁된"(gereformeerd)이란 형용사를 넣어 이름붙였다. 그러나 1896년에 5권으로 편집해서 출판할 때에는 이 형용사를 뺐다. 1910년에는 타이프 형태의 3권으로 다시 출판했는데, 제목은『교의학』이었다.

당시 학생들과 독자들이 처음 느낀 생소함은 교의학 교과서에 광범위한 히브리어와 그리스어 언어 연구가 들어온 점이었다.[34] 이것은 사실이다. 보스는 하나님의 작정을 히브리어 에차, 소드, 메짐마, 헤페츠, 라촌 등의 구약용례를 설명하면서 시작한다. 나아가 헬라어 오이도키아, 델로 등의 신약용례로 확장하며[35], 신학사에서 중요하다면 라틴어를 해설한다. 세례를 설명할 때는 신약과 교회사에서 밥토와 밥티조가 어떻게 사용되었는지 자세히 설명한다.[36] 보스는 오늘날 구약, 신약, 교회사, 조직신학, 실천 분과에서 각각 해야 할 일을 한

---

33 G. Vos, *A Hellenistic Greek Grammar*, Grand Rapids, 1891[?]; Vanden Bosch, "Geerhardus Vos", 11; Dennision, *Letters of Geerhardus Vos*, 109; De Klerk, *Bibliography*, 40.1-2.

34 Jansen, "Biblical Theology of Geerhardus Vos", 24.

35 Cf. Vos, *Dogmatiek*, I 4,4.

36 Cf. Vos, *Dogmatiek*, V 2,2,2.11.

강좌에 녹여서 해냈던 것이다.

이런 독특한 교수방법 때문에, 보스는 CRC 신학교와 교단에서 크고 깊고 멀리 영향을 미쳤다. "칼빈 신학생들"은 보스가 CRC 신학교를 떠난 후에도, 많은 사람들이 보스가 타이프 형태로 펴낸 『교의학』을 소장하고 참조하였다.[37] 칼빈 신학교 인문학과정에서 공부하고, 후에 순차적으로 주경신학, 신약, 조직신학 교수가 된 루이스 벌코프(Louis Berkohf; 1873-1957)는 보스의 『개혁교의학』을 영어로 압축 저술하였다. 벌코프는 보스의 사상을 CRC 신학교와 교단, 전세계 개혁파 교회에 항구적인 유산으로 만들었다.

또 하나의 교의학 저서가 있다. 이 저서는 CRC 신학교와 교단에 『개혁교의학』보다 더 직접적인 영향을 미쳤다. 보스가 1893년 5월 10일 프린스턴으로 옮기는 것을 결정했을 때, CRC 신학교는 보스의 아버지 얀 보스를 교의학 교수로 임명한다.[38] 보스는 프린스턴으로 1893년 9월 떠나기 전에 『조직신학 개요』(Compendium systematische theologie)를 집필한다. 이 책은 사실 『개혁교의학』을 요약한 것이다. 얀센은 보스가 CRC 신학교가 자기를 대신하여 아버지 보스를 교의학 교수

37 Vanden Bosch, "Geerhardus Vos", 13.

38 Dennision, *Letters of Geerhardus Vos*, 33;

로 지명하자, 아버지 보스의 짐을 덜어주기 위해 여름에 "집필했다"고 주장한다.[39] 하지만 데니슨이나 더 클럭은 1895년에 수기 등사판 형태로 출판한 것으로 보도한다.[40] 어느 쪽이 옳은 주장인가? 『조직신학 개요』의 출판 연도와 동기를 파악할 때, 앞의 두 주장 모두 고려하지 않은 것이 있다. 그것은 『조직신학 개요』나 『종교의 역사』(Geschiedenis der idolatrie) 등은 이미 보스가 강의한 내용들이라는 점이다. 따라서 얀센이 말한 "집필"은 처음부터 새로 쓴 것을 가리키지 않는다. 아마도 보스는 아버지가 강의할 때 사용할 수 있도록 개정 증보했을 것이다. 얀 보스가 CRC 신학교에서 1년간 교의학 교수 활동을 마쳤을 때, 그는 아들에게 원고를 돌려주었던 것으로 보인다. CRC 신학교는 얀 보스의 후임으로 보스의 삼촌인 보이커를 교의학 교수로 초빙했다. 보이커 역시 『조직신학 개요』를 강의에서 사용했다. 판덴 보쉬에 따르면, CRC 신학교는 보스 사후 5년 후(1954)에도 여전히 이 책을 교과서로 사용했다.[41]

보스는 왜 프린스턴으로 옮기게 되었는가? 어떤 사람은 교리

39 Vanden Bosch, "Geerhardus Vos", 13.

40 Dennision, *Letters of Geerhardus Vos*, 92; De Klerk, *Bibliography*, 40.3.

41 Vanden Bosch, "Geerhardus Vos", 13.

논쟁 때문이라고 말한다. 보스가 CRC 신학교에서 일하는 동안 훌스트(L. J. Hulst) 목사와 갈등이 있었다. 훌스트는 파수꾼(De Wachter)이라는 기독개혁교회 주간지 편집장이었다. 훌스트는 자주 보스가 도르트신경에 반하여 신학교에 타락전 선택설을 도입한다고 항의했고, 이 항의가 신학교와 교단에 영향을 주었다.[42] 보스는 도르트신경 작성자들 중 타락전 선택설자와 타락후 선택설자가 함께 있었으며, 어느 쪽도 정죄하지 않았다는 입장을 취했다. 이 문제를 매우 온건하게 다루었다. 나아가 어떤 성경구절은 타락후 선택설 입장과 맞지 않는다고 설명했다. 예를 들어, 로마서 9:20, 에베소서 1:3 등이다. 로마서 9:22에서 "영광받기로 미리 예비되었다"는 말씀이 있는데, 이 말씀은 "하나님의 작정 자체 내에서 인간 운명을 형성하고 준비하는 것을 가리킨다"고 본 칼뱅이 옳을 수 있다고 보았다.[43] 갈등은 쉬이 잦아들 기미가 보이지 않았다. 보스는 도르트신경이 타락후 선택설을 받으며, 따라서 타락후 선택설이 화란개혁파의 입장이라는 주장에 굽히지 않았다. 동시에 이 때문에 도피처로 프린스턴의 초빙에 응하지도 않았다.

그러면 왜 보스는 옮겼는가? 보쉬는 보다 합리적으로 추측

---

42 Jansen, "Biblical Theology of Geerhardus Vos", 24; 특히 각주 5를 참조하라.

43 Cf. Vos, *Dogmatiek*, I 5,51.

한다. 보쉬에 따르면, 보스가 옮긴 원인은 세 가지이다. 첫째, 프린스턴이 개혁신학에 공헌하기 좋은 곳이기 때문이고, 둘째, 더 나은 교수 환경이 갖추어진 까닭이며, 셋째, 더 나은 동료와 학생, 도서관 등이 있었기 때문이라는 것이다.[44] 올링거는 매우 실용적으로 해석한다. 보스가 최근 만난 캐서린 스미스 때문이라는 것이다. 캐서린은 당시 그랜드 래피즈 공공도서관 사서였는데, 보스가 CRC 신학교에 자료가 부족하므로, 이 도서관을 자주 이용했고, 서로 사랑하게 되었다. 보스는 캐서린과 결혼하고 싶어했으나, 두 가지 장애물이 있었다. 하나는 캐서린이 화란어를 할 줄 모르고, 다른 하나는 기독개혁교회의 교인이 아닌 것이었다. 따라서 보스가 결혼하더라도 캐서린은 보스가 속한 공동체에 발디딜 곳이 없었다. 그러나 뉴저지 프린스턴에서는 이 두 조건이 문제되지 않는 곳이었다는 것이다.[45]

신학적인 이유가 더 크냐 아니면 합리적이고 실용적인 이유가 더 결정적이었느냐 판단하기 어렵다. 어느 동기를 절대적인 이유로 들어올리는 순간 사실에서 멀어질 가능성이 많다. 보스는 '유감'과 '기대'라는 두 감정 사이에 있었다. 보스

44 Vanden Bosch, "Geerhardus Vos", 12.

45 Olinger, *Geerhardus Vos*, 68.

는 현재 자신의 사역지를 떠나는 것을 유감스럽게 생각했다. 지금까지는 아무리 부지런히 가르쳐도 열매가 적어 낙심하는 일이 많았다. 하지만 앞으로 프린스턴에서는 이런 일이 더 적을 것을 기대했다.[46]

프린스턴 신학교(1893. 9 - 1932. 8)

1893년 9월 보스는 뉴저지 구프린스턴 신학교에서 교수사역 제2막을 시작했다. 제1막과 비교할 때, 아주 긴 기간이었다. 5년 : 39년! 이때 보스에게는 모든 것이 새로웠다. 프린스턴에서 1년간 가르친 후, 이듬해 가을 보스와 캐서린은 막 결혼하여 신혼생활을 시작했다. 프린스턴은 그에게 머서 스트리트 52번지에 교수 주택을 제공했고, 보스의 이웃에는 신학자 벤저민 워필드, 훗날 미국 28대 대통령이 된 우드로 윌슨과 같은 사람들이 살았다. 또 거기에는 250명의 학생들이 보스의 강의를 기다리고 있었고, 보스는 일주일에 25시간이 아닌 두세 개의 강의만 하면 되었다.

보스는 39년간 프린스턴 신학교에서 "성경신학" 교수로 일한다. 그는 이 기간 동안 성경의 정경성, 역사성, 통일성, 계시에 뿌리를 둔 신학을 위해 일하였다. 1949년 보스가 생을

46 Cf. "Vos to Herman Bavinck, July 3, 1893", in Dennison, *Letters of Geerhardus Vos*, 175.

마감했을 때, 프린스턴 신학교는 "그는 프린스턴 신학교 교수들의 긴 대열에서 가장 박식하고 가장 경건한 사람 중에 하나였다"고 썼다.[47]

보스의 프린스턴 신학교 사역과 병행하는 빼놓을 수 없는 세 가지가 있다. 산책, 로어링 브랜치, 가족시간이다. 산책은 학기 중에, 로어링 브랜치는 여름방학 중에, 가족시간은 이 모든 시간에 이루어졌다.

보스는 매일 정오가 되면 산책을 떠났다. 동행자는 거의 매일 벤저민 워필드였다. 후에 그래샴 메이첸이 함께 했다. 머서 스트리트를 따라 걸었고, 보스는 애완견을 대동했다. 보스와 워필드는 여기서 에너지를 얻었고, 그들이 읽은 것들과 생각하고 있는 주제들에 대한 심도 있는 대화를 나누었다. 보스는 신학교 평의회에서 거의 말하는 일이 없었던 반면, 워필드는 강한 연설가였다. 그러나 워필드의 연설 내용 중 많은 부분은 보스와 나눈 대화의 결론이었다.

보스는 프린스턴에 온 지 약 13년 후, 1906년 5월 12일에 여름별장을 구입했다. 보스와 캐서린에게 9년 동안 아이가 없다가, 1903년 첫째 요한네스와 1905년 둘째 버나두스

47 "Geerhardus Vos", PSB 43/3 (1950), 45 (Faculty Memorial Minute).

핸드릭이 태어났기 때문이다. 가족이 늘어가자, 보스는 펜실베니아 주 로어링 브랜치에 집을 샀다. 머서 스트리트에서 직선거리로 약 300km, 자동차로 약 360km 떨어진 곳에 있었다. 1908년과 1910년에 13에이커의 땅을 사고, 뒤에 산이 있고 앞에 마을이 보이는 곳으로 집을 롤러에 올려 옮겼다. 그 후 두 아이가 더 태어났다. 보스의 가족은 크리스마스가 끝나면, 먼저 캐서린과 네 아이가 기차로 로어링 브랜치로 떠나고, 보스는 학기를 마치고 트레일러에 책을 싣고 합류했다. 이곳에서 생활은 규칙적이었다:

시간	활동	참여자
아침	우체국까지 약 1.6km 왕복 산책	보스
오전	연구	보스
오후	아이들에게 고전을 읽어줌	보스, 캐서린, 아이들
늦은오후	우체국까지 약 1.6km 왕복 산책	보스
저녁	저녁식사	
	가족모임: 성경을 읽고 간단한 설명	캐서린
	기도회 인도	보스, 캐서린, 아이들
저녁식사후	연구	보스

주일이 되면, 보스 가족은 모두 그 마을에 하나뿐인 감리교회에 가서 예배드렸다. 보스는 아침 오후 두 번 산책하는 시간을 소중히 여겼다. 이 산책시간은 오전과 저녁 연구시간과 함께 보스의 글과 저서에 담겨있는 독특한 표현과 개념, 해석, 설명이 태어나는 곳이었다.

보스는 매일 가족시간을 가졌다. 이것은 손님이 오더라도 중단되지 않았다. 보스와 캐서린은 모든 손님들을 친절하게 맞았다. 그리고 손님들도 모두 식사 후 성경읽기와 기도에 초대했다. 캐서린이 성경을 읽고, 간단히 설명하고, 보스가 기도를 인도한다. 이 가족시간은 화란개혁교회 가정에서 대부분 현재까지도 유지하는 오래된 전통이다. 보스와 캐서린은 아이들에게 웨스트민스터 소요리 문답을 스스로 공부하게 했다. 모르는 것이 있을 때는 저녁식사 후 아빠의 연구시간에 질문하도록 했다.

보스의 학자 여정에서 분기점

보스의 학자로서 여정 중에 몇 군데 분기점이 있다. 프린스턴으로 옮긴 후 두 지점이 중요하다. 하나는 1920년이고, 다른 하나는 1932년이다.

보스는 1889년 CRC 신학교 교수로 일할 때, 워필드에게서 유럽과 미국에서 발표되는 다양한 신학책들을 서평해 달라는 부탁을 받는다. 보스는 이 일을 약 30년 동안 계속한다. 거의 매해 3권 이상을 읽고 비평적으로 소개했다. 총 102번의 서평, 119명의 저자에 달한다. 따라서 미국 장로교에 서평자로 알려졌다. 그런데 1920년부터 서평이 갑자기 중단된다. 그 이유는 무엇이었는가? 보스 개인과 구프린스턴 신학교, 미국장로교에 보스의 서평은 어떤 의미가 있는가?

보스는 CRC 신학교와 구프린스턴 신학교에서 교수로 사역할 때, 어떤 상황에서도 서평을 병행했다. 보스가 했던 119명의 신학저서에 대한 서평은 우선 보스 개인을 이해하는데 중요하다. 이것은 마치 보스의 학위 후 학문 활동을 보여주는 약도와 같다. 이 서평들 속에 보스는 교의학자와 성경학자로서 두 모습이 하나가 된 역량을 모두 발휘했다. 따라서 보스의 성경신학적 저술들을 이해하기 위해서는 이 서평들을 잘 이해하는 것이 필요하다. 보스는 『성경신학』에서도, 『바울의 종말론』에서도, 그 외에 여러 중요한 논문에서도 자세한 각주를 달지 않는다. 보스의 석사논문과 서평을 읽으면, 각주가 필요없는 이유를 곧 확인할 수 있다. 보스는 독특한 서평가였다.

보스의 서평은 자신이 섬긴 신학교와 교단을 위한 역할도 적지 않았다. 당시 프린스턴 신학교는 좌경화 문제로 혼란스러웠다. 서평은 보스의 "목소리"였다. 워필드가 구프린스턴이 좌경화되는 일을 연설과 몸으로 막으려 했다면, 보스는 글로 싸우려 했다. 그런데 지금까지 이 흐름을 막고 있던 절친한 친구였던 벤자민 워필드가 1921년 2월 16일 죽는다.[48] 워필드가 죽었을 때, 서평이 중단된 것은 더는 구프린스턴과 미국 장로교가 자신의 목소리를 호의적으로 받지 않을 것이라는 판단 때문이었을 것이다. 나아가 119명의 신학자의 글에 대한 비평 속에 고등비평과 비평학에 근거한 신학에 대한 항의를 다 담았다고 생각했기 때문일 것이다.

더욱이 5개월 뒤인 1921년 7월 29일 헤르만 바빙크마저 하나님의 부르심을 받는다. 이것이 서평이 중단된 현실적인 이유였다. 왜 그런가? 보스는 1889년 워필드의 제안을 받고, 1890년 초 바빙크에게 편지를 보낸다. 보스는 지난 1년 내지 6개월 내에 나온 중요한 책들 중에 서평할 가치가 있는 책들을 골라 자신이 받을 수 있도록 해 주든지 이 책들에 대한

---

48 Cf. G. Harinck, "Poetry of Theologian Geerhardus Vos", in R. P. Swierenga/J. E. Nyenhuis/N. Kennedy (eds.), *Dutch-American Arts and Letters in Historical Perspective*, (Holland: Van Raalte Press, 2008, 79-80.

정보를 보내달라고 부탁한다.[49] 그런데 1921년 바빙크가 죽었다. 보스는 이제 멈출 때라고 판단했을 것이다.

또 다른 분기점은 1932년이다. 이 해에 보스는 프린스턴에서 은퇴한다. 그런데 은퇴한 후에는 신학적 주제의 논문, 서평 등 학문적인 글을 발표하지 않는다.[50] 오로지 문학에 전념한다. 특히 보스는 시로 신앙과 삶을 표현했다.[51]

데니슨이나 다른 보스 연구가들은 보스가 은퇴한 후 신학적인 활동을 줄이고 시에 몰두했다고 말하기도 한다. 하지만 이런 평가는 지나친 부분이 없지 않다. 70세에 은퇴했고, 평생 건강이 좋지 않았으며, 44년을 신학 교수로 일했고, 결핵과 치매를 앓는 아내를 돌보아야 했으며, 은퇴 후 5년 만에 아내를 잃은 사람에게, 계속해서 학문 활동을 기대하기란 쉽지 않다.

---

49 "Vos to Herman Bavinck, Feb. 1, 1890", in Dennison, *Letters of Geerhardus Vos*, 132.

50 Cf. Dennison, "Geerhardus Vos: Life Between Two Worlds", Kerux 14/2 (1999), 18-30.

51 보스가 은퇴후 발표한 시집은 다음과 같다: 『은혜의 거울(Spiegel der genade)』(1922), 『자연과 리라 앙겔리카의 거울(Spiegel der natuur en lyra Angelica)』(1927), 『은혜(Charis)』(1931), 『죽음의 거울(Spiegel des doods)』(1932), 『서양의 리듬(Western Rhymes)』(1933), 『낫과 단(Zeis en garve)』(1934).

하지만 보스가 신학자로서 활동을 완전히 중단한 것은 아니다. 무엇보다 보스는 은퇴 후 필라델피아의 개혁감리교 신학교나 토론토 침례신학교 등 여러 신학교에서 재판하여 사용하는『성경신학』원고를 정리하여 출판한다. 여기서 아들 요한네스의 역할이 컸다. 요한네스는 출판을 위해 충실히 편집하고 주제색인과 성경색인을 달았다. 보스는 86세의 손으로 "특별계시의 역사"에 대한 자신이 56년 동안 했던 연구에 서문을 썼다. 화룡정점이었다.

그러나 보스가 자신의 자전적 회고에서 언급한 신학 저서들은『예수의 자기계시』와『바울의 종말론』이었다. 가장 기억에 남는 두 사람은 암스트르담 김나지움에서 자신에게 라틴어를 가르쳐준 스페이어와 문학을 가르쳐준 호프데익이었다. 맨 마지막에 언급한 것은 시집 네 권이었다.[52] 이것은 보스가 시와 문학을 얼마나 사랑했는지, 보스의 글이 함축적인 이유를 간접적으로 설명해 준다.

---

52 Vos, "Autobiographische aantekeningen", Neerlandia 37 (1933), 10.

강단과 일상

보스는 설교를 많이 하지 않았다. 그러나 사랑받는 설교가였다. 보스는 프린스턴 밀러 채플에서 한 설교 여섯 편을 모아 『은혜와 영광』이라는 설교집을 낸다. 서문이 없다. 올링거는 아마도 시편 84:11에서 제목을 따왔을 것이라고 추측한다.[53] 왜 이 여섯 편인지 설명도 없다. 올링거는 아마도 "특별계시의 역사"에 맞도록 선택했을 것이라고 생각한다: 호세아, 마태복음, 누가복음, 요한복음, 바울서신, 히브리서 순으로 말이다.[54] 여기에 종교의 중심이 하나님과 교제에 있고, 이 교제는 하나님의 은혜에 전적으로 의존하는 이에게 찾아오며, 예수님은 그의 은혜와 하나님의 주권적 말씀이 우리를 따라잡을 때까지 찾으시고, 하나님과의 교제는 부활에서 완성되며, 하늘이 구속의 목표라는 선포가 들어 있다.[55]

동시에 이 설교에는 설교자 자신의 깊은 헌신과 따뜻하고 섬세한 신앙이 담겨 있다.

보스의 설교는 쉽지 않았다. 짧지도 않았다. 사색적이었으

53 Olinger, *Geerhardus Vos*, 197.

54 Olinger, *Geerhardus Vos*, 197.

55 Cf. Olinger, *Geerhardus Vos*, 197-207.

며 심오했다. 그러나 보스가 설교하면, 그곳은 꽉 찼다.[56]

보스는 늘 기도했다. 가정에서 가족시간에 늘 기도했고, 교회에서 문상을 갔을 때 기도했다. 보스가 기도할 때 청소년들은 그가 설교할 때보다 더 깊은 인상을 받았다. 그들에게는 보스의 설교가 너무 심오했던 반면, 그의 기도는 부드럽고 아름답게 다가왔다. 무언가 위대함이 인간적 모습으로 와 있다고 느꼈다.[57]

지금까지 보스의 생애를 간략하게 살펴보았다. 보스 생애의 주요사건을 연도별로 정리하면 다음과 같다:

년	월일	보스	외부사건
1854	12. 14		바빙크 태어남
1858			보스의 아버지 얀 보스, 월전에서 목회시작
1860			얀 보스, 헤어런페인에서 목회
1862	03. 14	태어남(바빙크와 7살 차이)	
1865			얀 보스, 캇베이크 안 제이에서 목회

56 Cf. Vanden Bosch, "Geerhardus Vos", 12.

57 Cf. Vanden Bosch, "Geerhardus Vos", 12.

	08. 11		캐서린 보스 태어남
1870			얀 보스, 루떤에서 목회
1874			얀 보스, 페어니스에서 목회
1875		스키담의 따위랜 기독학교에 입학(13세)	
1877		스키담의 프랑스 학교에 입학(15세)	
1878		암스테르담 김나지움 입학(16세)	얀 보스, 오면에서 목회
1881	09.	CRC 신학교 입학(19세)	보스 가족 미국 그랜드 래피즈로 이주; 스피링 스트리트 기독개혁교회 목회
1883	01. 09		바빙크 깜뻰 신학교 교수로 임용됨(29세)
	06. 28	CRC 신학교 디플로마 취득(21세)	
	09. 20	프린스턴 신학교에 2학년으로 입학	
1885	06.	석사학위를 마침	
	10. 20	베를린 대학 신학부에 입학(23세)	
1886	봄	카이퍼에게서 화란자유대학 구약교수직 초빙	
	06. 17	미국 CRC 총회 보스를 교수로 임명함	
	06.		헤르만 바빙크 베를린 방문
	08. 09	베를린 신학부 생활 마침	

	09.	화란자유대학 이사장 펠릭스 목사와 위트레흐트에서 면접	
	10. 26	독일 스트라스부르그 철학부에 입학(24세)	
1887	08. 03	미국 그랜드 래피즈에 방문하여 이사회를 만남; 이사회 박사학위에 속도를 낼 것을 요구.	
1888	04. 26	박사학위취득(Strassburg; 26세)	
	05. 19	미국 그랜드 래피즈로 가는 배를 탐	
	06. 12	미국 CRC 신학교 이사회를 만남	
	09. 04	CRC 신학교 교수 취임(26세) 저녁에 교수취임 연설: "미국 신학의 전망"	
1890		『개혁교의학』 전 5권 출판	
1891	09. 02	CRC 신학교 학장 취임연설(29세): "개혁신학의 언약론"	
1892		훌스트 주도로 일어난 교리논쟁	"분리"(앞스케이딩 Afscheiding), 애통 (돌라앙치 Doleantie) 통합논의
1893	09.	프린스턴 신학교 성경신학 교수	
1894	04. 24	뉴브라운스윅의 장로회, PCUSA 복음사역자로 임직함	

	05.08	프린스턴 신학교 교수취임 연설: "학문과 신학학과로서 성경신학개념"	
	09.07	캐서린 스미스와 결혼	
1895			바빙크, 『개혁교의학』 1권 출판
	05.	프린스턴 신학교 교수 관저로 입주(머서 52번지)	
1896		바빙크의 『개혁교의학』 1권 서평; 『교의학』, 전 5권 출판	
1897			바빙크, 『개혁교의학』 2권 출판
1898			아브라함 카이퍼, 스톤강좌: "칼빈주의 강연"
1899		바빙크의 『개혁교의학』 2권 서평	
1902			바빙크 자유대학 교수
1902		첫째 아들 요한네스 태어남	
1905		둘째 아들 버나두스 핸드릭 태어남	아인슈타인, 특수상대성 이론 발표
1906		로어링 브랜치 여름별상 구입	
	12.07	셋째 딸 마리안네 캐서린 태어남	
1908		로어링 브랜치에 13에이커 땅 구입	
			바빙크, 스톤강좌: "계시철학"

1910			
1911	03.07	넷째 아들 게르할더스 주니어 태어남	
1916			아인슈타인, 일반상대성 이론 발표
1920		서평 중단	
1921	02.16		벤자민 워필드 사망
	05.29		헤르만 바빙크 사망
1929			웨스트민스터 신학교 설립
1930		『바울 종말론』 출판	
1932		은퇴(70세), 캘리포니아 산타 안나로 떠남	아인슈타인 미국 이민; 프린스턴 물리학 교수로 옴 (머서 112번지)
1937			캐서린 보스 사망(72세); 로어링 브랜치에 묻힘
1939		그랜드 래피즈로 돌아옴	
1948		『성경신학』 서문 작성	
1949	08.13	사망(87세); 장례식 반틸 집례; 로어링 브랜치에 묻힘	

이제 시야를 좁혀, 보스의 『교의학』을 살펴보자. 여기서 보스의 저술과 튜레틴, 바빙크, 찰스 핫지, 아키발드 핫지, 벌코프 등의 저술과 비교하게 될 것이다.

2

보스 교의학의 특징

학위 후(26세)

알려지지 않은 저작

“보스의 교의학”이란 말을 들으면 두 가지 질문이 떠오른다.

첫째는 보스가 교의학자였는가 하는 질문이다. 보스는 현대의 성경신학자와 다르게 신학을 했고 보스의 저서들은 현대 성경신학자들의 저서들과 차이가 난다. 하지만 이런 점을 고려하더라도, 보스를 조직신학 분과 사람으로 보는 것에 익숙한 사람은 드물다.

이것이 익숙치 않은 것은 어쩌면 자연스러운 것이라 할 수 있다. 지금까지 신학자 보스를 소개한 전기는 없었다. 2018년에야 나왔다.[1] 하지만 아직 한국어로 번역되지 않았다. 나아가 보스의 초기 저작들은 이제 겨우 기록보관인들(archivist)의 손을 벗어난 상태이다. 모세오경의 기원에 관해 쓴 그의 석사논문(Princeton)은 1886년에 출판된 후 2015년에 와서야

---

1 D. E. Olinger, *Geerhardus Vos: Reformed Biblical Theologian, Confessional Presbyterian* (Philadelphia: Reformed Forum, 2018).

다시 세상에 나왔다.[2] 아랍어 사본 편집 및 각주 작업으로 받은 박사논문(Strassburg)[3]도 1888년 이후 약 128년 동안 몇몇 독자들의 손과 눈에 들어왔을 뿐이었다. 또 다른 원인은 독자들에게 있는 보스에 대한 인상이다. 독자들에게 보스는『성경신학』과『바울의 종말론』,『예수님의 자기 계시』,『히브리서의 교훈』등의 저자이다. 그러나 가장 중요하고 결정적인 이유는 보스의 글이 '읽히지 않은 것'에 있다. 만일 독자들이 보스의 글을 읽고 소화하여 자신들의 신학과 목회, 경건을 살찌우고 풍요롭게 했더라면, 그들은 보스의 주요 저작뿐만 아니라 모든 저작에 관심을 가졌을 것이다. 그러나 모든 고전들, 그리고 고전 작가들과 마찬가지로 보스와 그의 저서들 또한 몇몇 개념이나 요약, 파편적 설명 등으로만 알려졌다. 그러므로 지금까지 독자들에게 보스는 교의학자보다는 성경신학자 심지어 신약학자였던 것이다.

둘째로 보스는 성경신학을 '교의학적으로' 한 사람이었는가 하는 질문이다. 물론 보스는 실제로『성경신학』을 '특별계시

2 G. Vos, *The Mosaic Origin of the Pentateuchal Codes.* With an introduction by Professor William Henry Green (New York: A. C. Armstrong & Son, 1886; Palala Press, 2015; Forgotten Books, 2017).

3 G. Vos, *Die Kämpfe und Streitigkeiten zwischen den Banū ʿUmajja und den Banū Hāšim: Eine Abhandlung von Taḳijj ad-dĭn Al-Maḳrĭzijj.* Der Arabische Text nach der Leidene, Wiener und Strassburger Handschrift Herausgegeben (Leiden: Brill, 1888; Hansebooks, 2016).

의 역사'라는 관점에서 체계화했다. 이것은 이전 교의학자들이 "언약"이라는 개념으로 성경 전체를 관통하는 사상을 제시하려 했던 시도와 다르지 않다. 또 『바울의 종말론』에 나오는 "두 시대(에온)"라든지, 재림 직전에 나타날 "징조"나 "불법의 사람"과 같은 주제, 천년왕국 문제 등은 조직신학에서 종말론의 중요한 주제들이다. 나아가 『예수님의 자기 계시』에서 예수님의 칭호로 예수님의 신분과 인격을 탐구하는 것은 다분히 조직신학적이다. 이 방법은 기독론뿐만 아니라 신론에서도 사용한다.

그러나 이 두 질문에 부정적으로 대답해야 한다. 보스는 실제로 "교의학자"였고, 교의학을 가르친 교수로 활동했으며, 실제로 『교의학』이라는 저서를 남겼다.

교의학자 보스와 그의 『교의학』

보스가 교의학자로 활동한 적이 있는가? 이 질문에 좀 더 확실하게 대답하기 위해서는 잠시 역사를 들여다볼 필요가 있다. 보스의 『교의학』은 그의 초기활동과 깊은 연관이 있다.

1885년 보스는 프린스턴에서 석사학위를 마쳤다. 보스는 즉시 독일 베를린으로 떠난다. 구약학 연구를 좀더 심화하기 위함이었다. 1885년 10월에서 1886년 8월까지 두 학기 동안, 보스는 베를린 대학에서 아우구스트 딜만, 헤르만 스트락, 요한네스 바이스와 같은 당대 저명한 학자들의 강의를 듣는다. 그 후 보스는 스트라스부르그로 옮겼다. 여기서 구약학자 데오도르 뇔데케(Theodore Nöldeke; 1836-1930)의 지도 아래 아랍어 사본 연구로 박사학위를 받는다. 1888년 4월 26일이었다. 그 후 보스는 유럽을 떠나 그랜드 래피즈로 돌아온다. 몇 달간 휴식 후 1888년 9월 4일부터 보스는 현재의 칼빈신학교의 전신인 CRC 신학교에서 교수로 일하기 시작한다.

제임스 데니슨(James T. Dennison)에 따르면, 보스가 CRC 신학교 교수로 처음 일을 시작했을 때, 교의학, 철학, 우상론(Idololatrie; 비기독교적 종교) 등을 맡아 가르쳤다.[4] 그러니까 보스가 교의학과 철학, 종교학 등을 가르치는 것으로 자신의 교수 사역을 시작했다는 것을 알 수 있다. 물론 그 외에 주경과목

---

4 J. T. Dennison, "The Life of Geerhardus Vos," in J. T. Dennison, *The Letters of Geerhardus Vos* (New Jersey: P&R, 2005), 26; 개핀은 이 시기에 보스가 "헬라어 문법부터 조직신학"까지 가르쳤다고 말한다(R. B. Gaffin, ed., *Redemptive History and Biblical Interpretation: The Shorter Writings of Geerhardus Vos* [New Jersey: P&R, 1980], x).

도 가르쳤다.[5] 1893년 성경신학 분과 교수직을 수락하고 프린스턴으로 옮기기 직전까지 보스는 약 5년 동안 교의학을 가르쳤다.

이때 보스는 '개혁교의학(Gereformeerde Dogmatiek)'이라는 제목의 강의를 열었다. 이 과목뿐만 아니라 조직신학 총론(Compendium Systematische Theologie)[6]도 있었다. '개혁교의학' 강의원고는 차곡차곡 쌓여 총 다섯 권의 책이 되었다. 이 책은 1890년에 완성된 것으로 보인다.[7] 분량은 1,892쪽에 달했다.

---

5 Dennison, "Life of Geerhardus Vos," 26.

6 Dennison, "A Bibliography of the Writings of Geerhardus Vos (1862-1949)," in R. B. Gaffin, ed., *Redemptive History and Biblical Interpretation: The Shorter Writings of Geerhardus Vos* (New Jersey: P&R, 1980), 559.

7 데니슨은 보스의 저작목록을 여러 차례 여러 곳에 발표했다: J. T. Dennison, "A Bibliography of the Writings of Geerhardus Vos (1862-1949)," WTJ 38 (1976), 350-367 (repr. in R. B. Gaffin, ed., *Redemptive History and Biblical Interpretation*, 547-559). 그런데 개핀이 보스의 논문집을 냈던 것과 동일한 해에 더 클럭(P. de Klerk)은 칼빈신학교 교수들의 저작목록을 편집하여 발표한다: *A Bibliography of the Writings of the Professors of Calvin Theological Seminary* (Grand Rapids: Calvin Theological Seminary, 1980), 40.0-40.18. 더 클럭의 저작목록을 보고 데니슨은 보스의 저술목록을 좀더 개정한다. 그의 이전 목록에는 "개혁교의학"(Gereform[eer]de Dogmatiek)이 "연대가 확실치 않은 원고들" 속에 들어 있었다. 그런데 데니슨은 "보스의 편지"라는 책에서 보스의 "개혁교의학"(Gereformeerde Dogmatiek)이 두번 나오는데, 한번은 연대를 1890로 명시하고(90), 한번은 "연대가 확실치 않은 원고들" 중에 들어 있다(109). 전자는 출판지를 "그랜드 래피즈"(Grand Rapids)라고 표기했고, 후자는 출판지 표기가 빠져 있

이 책은 교의학의 모든 주제를 작은 단위로 나누고, 각 단위를 묻고 대답하는 요리문답 형식으로 다룬다. 이 방식은 완전히 독창적이라고 할 수는 없다. 왜냐하면 종교개혁자들 중에 이런 방식으로 교의학을 저술한 사람이 많았기 때문이다. 튜레틴(Francis Turrettin; 1623-1687)은 교의학을 질문을 하고 이 질문을 정의하며, 이렇게 질문의 핵심을 명확하게 한 후에, 이에 대답하는 형식으로 쓰고 있다. 또 1860년 찰스 핫지의 아들 아키발드 핫지도 자신의『조직신학개요』를 요리문답식으로 구성했다.[8]

그러면 보스 당시 교의학 저술 방식은 어떤 것들이 있었는가? 당시에 요리문답방식 외에도 몇 가지 방식이 더 있었다. 여기서는 두 가지 방식에 초점을 맞추고, 바빙크와 아키발드 핫지를 비교해 보자.

바빙크는 그의『개혁교의학』1권 전체를 신학의 백과사전적 위치, 신학 방법론, 신학의 원리 등을 학문적으로 다룬다.

다; Dennison, “The Writings of Geerhardus Vos: A Bibliography,” in J. T. Dennison, *Letters of Geerhardus Vos* (New Jersey: P&R, 2005), 87-112.

8 A. A. Hodge, *Outline of Theology* (London: Banner of Truth Trust, 1879; [1]1860). 보스가 프린스턴에 도착했을 때(1883년 9월 20), 당시 조직신학 교수가 아키발드 핫지(A. A. Hodge)였다(† 1886년 11월 22일). 핫지의 책이 1860년 이미 출판되었으므로 보스가 이미 알고 있었을 가능성이 크나, 얼마만큼 직접적인 영향을 받았을지 평가하기는 쉽지 않다. 보스는 1885년 이미 석사학위를 마치고, 그 해 가을 베를린 신학부에 등록했다(2년).

이때 나머지 부분을 저술할 때, 보나벤투라 방식을 따른다. 브레머(R. H. Bremmer)는 그의 박사학위 논문에서 바빙크가 17, 18세기 스콜라식 형식의 신학을 했다고 말한다. 즉 칼뱅이나 루터와 같은 요리문답식 신학방식이 아니라, 좀 더 후기 정통주의 신학자들의 방식에 가깝다는 것이다. 브레머에 따르면, 이 방법을 사용한 대표적인 사람들로는 프랑소아 튜레틴이나 버나드 더 무어가 있다.[9] 또 바빙크는 스콜라식 방식에 신토마스주의, 신칼빈주의, (당시) 현대 주경학과 성경연구 결과를 덧붙였다.[10] 박태현 교수도 같은 주장을 한다. 그는 브레머의 글을 인용하면서[11] 바빙크 교의학의 지배적인 특징이 이 네 가지 요소 중 첫 번째 요소라고 말한다.[12]

그러나 바빙크가 "스콜라식 논제(Loci) 방식"을 따라 교의학의 전체 주제들을 다루고, 그 모델이 튜레틴과 더 무어였다는 말은 평가가 필요하다. 왜냐하면 브레머 자신이 다른 글에서

---

9 R. H. Bremmer, *Herman Bavinck als Dogmaticus* (Kampen: Kok, 1961), 386

10 Bremmer, *Herman Bavinck als Dogmaticus*, 386-387 Cf. R. H. Bremmer, *Herman Bavinck en zijn Tijdgenoten* (Kampen: Kok, 1966), 196; cf. H. Bavinck, *Gereformeerde Dogmaitiek*, Deel. I, 4판 (Kampen: Kok, 1928), 74.

11 Bremmer, *Herman Bavinck als Dogmaticus*, 386.

12 H. Bavinck,『개혁교의학』1권, 박태현 옮김 (서울: 부흥과개혁사, 2011), 편역자 서문.

바빙크의 개혁교의학 형식적 체계에 관하여 다르게 서술하기 때문이다. 브레머에 따르면, 바빙크의 교의학의 특징 중 하나는 강력한 체계이다. 이 체계를 위해 바빙크는 중세 보나벤투라를 전형으로 삼은 것이다.

이에 비해 아키발드 핫지(A. A. Hodge)는 요리문답식으로 『조직신학개요』를 저술한다. 이때 핫지는 두 가지를 언급한다. 하나는 이 책을 어떤 용도로 사용할 것인가 하는 것이고, 다른 하나는 이 책의 원천이 무엇인가 하는 것이다. 책의 용도는 자신의 목회지에 있는 교인들의 필요가 주된 것이라고 밝힌다. 그 중 몇몇은 강의하기도 했다고 적고 있다. 책의 원천은 자신의 부친(C. Hodge)이 마흔 다섯 또는 여섯 번의 수업에서 사용한 질문들이었다고 말한다.[13]

형식적인 면에서 보스의 『교의학』은 튜레틴이나 바빙크의 저작보다는 핫지의 『조직신학개요』에 가깝다. 왜냐하면 보스의 『교의학』은 형식상 서문조차 없이 "하나님을 알 수 있는가?"[14] 라는 질문으로 시작하기 때문이다. 그러면 보스가 왜 이런 형식을 선택했는가? 아마도 보스는 아키발드 핫지의 『조직신학

13 Hodge, *Outline of Theology*, 5.

14 Vos, *Dogmatiek*, I 1,1.

개요』와 동일한 목적을 충족시키기 위한 형식을 따랐다고 볼 수 있다.

그렇다고 하여 이 말을 보스의 『교의학』의 구조가 아키발드 핫지의 『조직신학개요』의 구조와 유사하다는 말로 오해해서는 안된다. 핫지의 『조직신학개요』는, 핫지가 서문에서 밝히듯이, 자신의 부친 찰스 핫지가 수업시간에 다루었던 질문들을 체계적으로 정리한 것이다. 그리고 찰스 핫지는 튜레틴에 많이 의존한다. 이 점을 고려할 때, 왜 아키발드 핫지의 『조직신학개요』에서 삼위일체론의 첫 질문이 "삼위일체란 말의 어원과 의미는 무엇이며, 언제 교회 용어로 도입되었는가?" 인지 이해할 수 있다.[15]

보스는 자신의 『교의학』을 화란어로 저술했다. 이것은 그랜드 래피즈로 이주한 화란 기독개혁교회 목회자들과 그들의 필요에 대한 배려 때문이었다.

또한 보스는 자주 "우리의 신앙고백"이라고 하면서 하이델베르그 요리문답과 벨직 신앙고백의 내용을 언급하거나 때로

15 Cf. F. Turretin, *Institues of Elenctic Theology*, tr. by. G. M. Giger, Vol. 1: First Through Tenth Topics (New Jersey: P&R, 1992), I, Q. 23(삼위일체 첫번째 논제): "'본질', '실체', '실존', '위', '삼위일체'란 용어의 의미와 이 신비 안에 있는 동일본질의 뜻은 무엇인가? 교회가 이 용어들을 사용하는 것은 적절한가?"

는 자신의 설명을 대신하기도 한다.

이러한 사실을 볼 때, 보스가 『교의학』을 저술하고 강의할 때, 얼마나 당시 교회를 생각했는지 느낄 수 있다.

그렇다면 보스는 어떻게 원숙한 교의학자에서 뛰어난 성경신학자가 되었는가? 교의학과 성경신학은 어떤 연관이 있는가? 보스가 성경신학을 개척할 때, 어떤 시대적 상황에 있었는가? 그가 생각한 성경신학은 무엇이었는가? 이제 이 질문들을 짧게 대답해 보자.

3

보스가 말하는 성경신학

프린스턴 교수 초기

성경신학이란 무엇인가? 보스는 이 질문에 어떻게 대답했는가? 두 가지를 생각해 볼 수 있다.

조망

하나는 보스가 남긴 작품들을 살펴보는 것이다. 보스는 『성경신학:구약과 신약』을 강의를 시작한지 54년만에 출판했다. 1948년 이 책이 세상에 나왔을 때, 보스는 이미 여러 책을 출판한 상황이었다. 문제는 『성경신학』은 완전한 책이 아니라는 사실이다. 제목과도 일치하지 않는다. 구약과 신약을 아우르는 책으로 보이나 실제로는 그렇지 않다. 신약이 짧아 균형이 맞지 않고, 더구나 신약 부분을 예수님의 공생애를 서술하면서 마감하기 때문이다. 바울과 다른 사도들의 글, 계시록이 없는 것이다.

하지만 보스의 작품들을 나란히 두고 보면, 보스의 성경신학 면모가 드러난다. 『성경신학』에서 다루지 못한 하나님의 나라와 예수님의 인격에 관한 생각은 『하나님의 나라와 교회』와 『예수의 자기계시』에서 밝혔고, 바울의 사상은 『바울의 종말론』에 집성했으며, 그 외에 히브리서 저자의 신학을 『히브리서 연구』, "히브리서-언약의 서신", "히브리서에 나타나는 그리스도의 제사장직"에서 다루었다. 이렇게 본다면, 보스는 성경 전체를 특별계시의 역사라는 관점으로 연구하고 서술했다고 할 수 있다.

'새로운 학과'로서 성경신학

다른 하나는 보스가 성경신학을 어떻게 생각했는지 들어보는 것이다. 보스는 자신의 저작 여러 곳에서 성경신학의 본질과 방법론을 밝힌 적이 있다. 이 주제와 관련하여 주목해야 할 글은 다음과 같다:

1. 보스의 CRC 신학교 학장 취임연설: "개혁주의 신학에서 언약의 교리"(1891년)[1]

1 이 연설은 화란어로 이루어졌고 이후 영어와 한국어로 번역되었다: *De verbondsleer in de Gereformeerde theologie* (Grand Rapids: Democrat Drukpers, 1891); "The Doctrine of the Covenant in Reformed Theology", in R. Gaffin (ed.), *Redemptive History and Biblical Interpretation: The Shorter*

2. 보스의 프린스턴 성경신학 교수 취임 연설: "학문과 신학학과로서 성경신학의 개념"(1894년 5월 8일)[2]
3. 보스의 성경신학 서문: "서론: 성경신학의 본질과 방법론"[3]

보스가 1894년 프린스턴 교수로 취임할 때 한 연설[4]은 그가 생각하는 "성경신학"이 무엇이며, 그가 당시 프린스턴에서 가르칠 내용과 연구 방법은 어떤 것인지 제시하는 지도와 같다. 그는 연설 초두에 다음과 같이 말한다:

> 성경신학이 새로운 학과는 아니지만, 그러나 이 학교에서는 새로운 분야입니다. 이 사실 때문에 제가 오늘 이러한 주제를 가지고 여러분들에게 강의를 하고 있습니

Writings of Geerhardus Vos (New Jersey: P&R, 1980), 234-267; 『구속사와 성경해석』, 이길호/원광연 옮김 (서울: 크리스찬다이제스트, 1998), 305-347.

2 G. Vos, *The Idea of Biblical Theology As A Science and As A Theological Discipline* (New York: Anson D. F. Randolph & Co., 1894); 이 연설은 Gaffin (ed.), *Redemptive History and Biblical Interpretation*, 3-24에 동일한 제목으로 재출판되었고 한국어로도 번역되었다: 『구속사와 성경해석』, 9-35.

3 보스, 『성경신학』, 원광연 옮김 (파주: CH북스, 2017), 11-31.

4 보스는 1893년 9월에 프린스턴에서 가르치기 시작했으나 1894년 5월에야 취임연설을 했다.

> 다. 일반적인 경우에는 총체적인 원리들을 논하기보다는 어떤 특별한 주제를 연구하고 다루는 것이 더욱 합당하고 여러분들에게 더욱더 흥미 있는 일이 될 것입니다. 그러나 우리 신학교 학과과정에 처음으로 채택되었고, 나에게 특별한 관심과 책임으로 맡겨진 성경신학을 신학 학과의 한 분야로서 여러분들에게 소개하는 것과 그리고 성경신학의 본질과 또한 제가 가르칠 방법에 관하여 개괄적인 말로 묘사하는 것이 저의 임무라고 생각합니다.[5]

여기서 보스는 넓게는 당시 상황에서, 좁게는 프린스턴 신학교 학과 과정에서 "성경신학"이 어떤 위치에 있는지 소개한다. 당시에 성경신학은 부각되기 시작한 학문 분야였다. 110여 년 전, 그러니까 1787년 3월 31일, 요한 필립 가블러의 취임강연이 '발단이 되어' 성경신학은 교의학에서 독립된 독자적인 학문으로서 대두되기 시작했다. 프린스턴 신학교는 아직 학과과정으로 채택하지는 않았지만 성경신학의 필요성을 느끼고 있었다. 그리고 적임자가 누구인지 찾고 있었다.

여기서 두 가지 오해를 바로잡아야 한다. 하나는 보스 당

---

5 Vos, "Idea", 4[10]). 여기서 [ ]와 숫자는 한글번역 페이지 수이다.

시 성경신학은 완전히 새로운 것이라는 오해이다. 다른 하나는 프린스턴은 보스를 위해 없던 분과를 만들어 보스를 교수로 초빙했다는 오해이다. 당시 구프린스턴에 "성경신학분과"가 없었다는 것은 일부 사실이다. 왜냐하면 "우리 [구프린스턴] 신학교 학과과정에 처음으로 채택되었고"[6], 보스에게 책임을 맡겼다고 말하기 때문이다. 하지만 성경신학이 당시 완전히 새로운 것이었다는 것은 사실과 맞지 않다. 왜냐하면 "성경신학이 새로운 학과가 아니다"고 말하기 때문이다. "성경신학"은 이미 가블러 때부터 시작되어 작은 기관으로 자라고 있었다.[7] 그리고 독립된 분과가 없었더라도 이미 모든 신학교에서 주경신학(exegetical theology)으로 이루어지고 있었다.[8]

비평학의 적극적 대응전략으로서 성경신학

보스가 CRC 신학교에서 교수로 일하고 있었을 때, 그의 스

6 Vos, "Idea", 3: "But Biblical Theology being a recent arrival in the seminary curriculum […]."

7 Cf. Vos, "Idea", 15.

8 Vos, "Idea", 5; cf. "Idea", 3.

승이요 프리스턴의 구약교수였던 윌리엄 그린은 보스에게 제안했다. 프린스턴으로 와서 비평학계의 공격에 방어하자고. 이것은 강하고 끈질긴 요청이었다.[9] 프린스턴으로 옮겨 성경신학이 가야 할 길을 구상할 때, 보스는 단지 소극적인 방법이 아니라 적극적인 전략을 쓰고자 했다:

> 성경신학은 심각한 비판을 만납니다. 성경신학은 [적의] 요새를 일일이 방어함으로써 완전한 효과를 나타내지 않고, … 성경에 따르면, 계시의 원리가 관련된 것들을 세움으로써, 다시 말하면, 가장 적극적인 방식으로 비판에 맞서 나갑니다.[10]

이것은 아마도 보스가 석사학위를 마친 때부터, 보스가 박사학위를 마치고 나서도, 진정으로 하고자 했던 일이었을 수 있다. 지금까지는 비판적으로 싸웠다면, 이제는 건설적으로 성경신학을 세우는 일을 시작한 것이다.

---

9 Dennison, *Letters of Geerhardus Vos*, 30-32. 여기에 1892년 5월 18-19일 그린이 보스에게 연속으로 보낸 두 통의 편지가 실려 있다.

10 Vos, “Idea”, 22 [33]; “Introduction: The Nature and Method of Biblical Theology”, in G. Vos, *Biblical Theology: Old and New Testament* (Edinburgh: The Banner of Truth Trust, 2000), 17 [30]; C. Lehman, 『성경신학』 1 (서울 : 크리스찬다이제스트, 2005), 21.

그렇다면 보스는 이 "적극적 방식"을 어떻게 실현해 나갔는가? 그 방법은 계시의 역사적 본질과 성격을 드러내는 것이었다.

보스의 "성경신학"에 대한 이해

여기서 보스가 "성경신학"을 어떻게 이해하는지 좀더 자세히 살펴볼 필요가 있다.

신학의 독립 분과로서 성경신학

보스는 성경신학을 신학의 정의에서 이끌어 낸다. 신학이란 무엇인가? 그것은 "하나님에 대한 지식"이다.[11] 보스에 따르면, 이 정의 자체가 신학이라는 학문의 주체와 대상을 다르게 정의한다. 일반 학문에서는 주체가 대상에 접근해 가고 분석하며 실험한다. 그러나 신학에서는 이 관계가 정확히 반대이다. 하나님은 인격이시고 영이시다. 그분의 마음은 깊이 감추어져 있어서, 그분이 자발적으로 드러내지 않는 한, 인간은 하나님에 관하여 아무 것도 알 수 없다.[12] 따라서 신학은 본질

---

11 Vos, "Idea", 4; Vos, "Introduction", 3.

12 Vos, "Idea", 4-5; "Introduction", 3-4.

적으로 계시에 기초한 학문이며 수용적이다.[13]

이 학문에는 네 분과가 있다:

1. 주경신학
2. 역사신학
3. 조직신학
4. 실천신학

이 학문 분야들 중 성경신학은 없다. 보스는 이 중 "주경신학적 개념에 가장 적절하고 자연적인 표현을 주는 중심적 학문"을 "성경신학"으로 정의한다.[14] 하지만 혹자는 질문할 수 있다. '주경신학에 가장 타당하고 자연스러운 개념을 부여하는 학문은 조직신학이 아닌가? 만일 주경학적 개념들을 조직하는 일이 조직신학의 일이라면, 성경신학의 독특한 역할은 무엇인가?' 보스는 성경신학과 조직신학의 역할이 어떤 점에서 구별되는가 말하지 않는다. 대신 성경신학과 조직신학의 방법론적 차이점을 든다. 성경신학은 하나님 자신의 계시활동의 관점에서 계시의 형태와 내용을 논의하는 것이다.[15] 따

13 Vos, "Idea", 5: "... a dependent and receptive one."

14 Vos, "Idea", 6.

15 Vos, "Idea", 6-7; "Introduction", 5 [14]: "성경신학은 주경신학의 한 분과로서 성경에 기록된 하나님의 자기 계시 과정을 다루는 것이다. 여기서 '계시'라는 말은 행위(action)를 의미하는 명사이다. 따라서 성경신학은 그 활

라서 계시 자체의 신적 경륜에 주어진 내용들을 배열하는 것이다.[16] 반면 조직신학은 동일한 계시의 내용들을 신적 사역의 역사적 단계들에 따라 조직하는데 관심이 있지 않다. 오히려 논리적 원리에 따라 계시의 내용들을 조직하는 것이다.[17] 그러면 성경신학은 "논리적 원리"를 따르지 않는가? 보스는 "그렇지 않다"고 말한다. 성경신학이나 조직신학이나 동일하게 계시를 조직화하는 것이다. 그러나 조직신학이 체계에 관심을 갖는 반면, 성경신학은 계시의 역사적 본질과 성격을 파악하는데 힘을 기울인다.

성경신학의 원리: 계시의 역사적 본질과 성격

따라서 이 계시의 역사적 본질과 성격은 성경신학의 개념과 불가분리의 관계에 있다. 그러면 보스가 생각하는 계시의 역사적 본질과 성격이 무엇인가 하는 질문이 생긴다. 보스에 따르면, 이것은 두 가지로 구성된다:

동이 이미 완결된 산물이 아닌 신적 활동(divine activity)으로서 계시를 다룬다."

16 Vos, "Idea", 7.

17 Vos, "Idea", 7.

1. 계시의 역사적 진행(historical progress)
2. 계시의 유기적 성격(organic character)

먼저 계시의 역사적 진행을 살펴보자. 왜 계시가 역사적 진행이 필요한가? 그 이유는 이중적이다. 한편으로 인간이 계시를 이해하는데 제한이 있기 때문이다.[18] 하나님의 계시는 전시대적이며 전포괄적이고 유구하고 장구한 역사이다. 하나님의 계시가 이렇게 드러나는 이유는 인간이 그것을 한꺼번에 다 수용하거나 한순간에 다 파악하지 못하기 때문이다. 하나님의 진리는 그 자체로 너무나 압도적이어서 아무리 부분적이라도 인간의 인식능력을 초월한다. 따라서 하나님은 계시를 한꺼번에 주지 않으셨다. 하나님이 계획하신 대로 조정하시고 단계단계로 주신다.[19]

그러면 계시는 인간 이해의 제한성이라는 이유만으로 역사적 진행의 성격을 갖는가? 그렇지 않다. 이보다 더 중요한 것은 역사적 특징을 띨 수밖에 없는 계시 자체의 본질이다. 계시는 자체로 하나님의 다른 사역들과 관련을 맺고 있다. 이런 관련성이 없는 고립된 하나님의 활동은 계시가 아니다. 모든

18 Vos, “Idea”, 7.

19 Vos, “Idea”, 7.

계시는 현재의 우주가 죄로부터 구속받아 하나님께서 본래 의도하신 상태로 회복되는 재창조의 과정의 한 부분이다. 그런데 이 재창조는 구체적인 시·공 속에서 살아가는 인간의 현재적 존재방식 전체를 부정하지 않는다. 오히려 옛 질서 속에서 새로운 질서를 창조하고, 이미 시작된 질서의 완성을 향해 나아가는 방식으로 진행된다. 여기에는 인간뿐만 아니라 자연과 역사, 전 우주를 포함한다. 따라서 계시는 단번에 하나의 행동으로 완성되는 것이 아니라, 자체 안에 유기적 발전법칙을 가진 역사 형태를 띠는 것이다.[20]

이렇게 재창조에는 인간과 온 피조계가 연결되어 있다. 이 재창조 즉 구속과정에는 두 단계가 있다. 하나는 이 유기적 중심을 형성하기 위한 하나님의 사역들의 단계이다. 이것은 보편적이고 객관적인 단계라 할 수 있다. 다른 하나는 이 객관적 사역들을 개인에게 주관적으로 적용하는 단계이다. 이 둘 모두 초자연적이다.[21]

이때 계시는 이 전체 과정에 동시에 존재하는 것이 아니다. 계시는 주로 첫 번째 객관적 구원과정에 하나씩 나타난다. 그리고 두 번째 단계가 완성되면 종결된다.[22]

20 Cf. Vos, “Idea”, 8.

21 Vos, “Idea”, 8-9.

22 Vos, “Idea”, 8.

하지만 계시가 역사와 동일한 경우도 많이 있다. 예를 들면, 출애굽이나 그리스도의 십자가 죽음, 부활 등이다. 여기서는 역사 자체가 계시의 한 부분이 된다. 따라서 출애굽이나 그리스도의 십자가 죽음, 부활은 역사이면서 동시에 계시이다.[23]

다음으로 유기적 성격을 살펴보자. 이 말은 무슨 의미인가? 만일 계시에 신적이고 절대적인 본성이 있다면, 계시된 진리는 처음부터 완전해야 한다.[24] 계시는 하나님의 초자연적 활동의 산물이요, 성경신학은 이 산물을 다룬다. 이때 계시가 어떻게 더욱 충만하고 명확해졌는지, 마치 완전한 싹에서 계속하여 완전한 줄기와 꽃, 열매가 산출되는지 보여주는 것, 이것이 성경신학이다.[25]

여기서 두 가지 이율배반적으로 보이는 현상이 공존한다. 계시의 완전성과 계시 내용의 증가이다. 하지만 이 둘은 결코 이율배반적이지 않다. 긴 구속역사에서 하나님에 대한 지식에 대한 질료적 증가(material increase)가 있다. 그럼에도 이것은 수효나 양의 증가가 아니다. 오히려 이 증가는 내적인 확대와

---

23 Vos, “Idea”, 9.

24 Vos, “Idea”, 10.

25 Vos, “Idea”, 11.

유기적 표출(organic unfolding)이다.[26]

성경신학의 원리는 이 두 가지 중 어느 것 하나라도 희생하지 않는 데에서 나온다. 성경신학이란 계시 자체의 본질을 존중한다. 성경신학은 타락한 인간을 구속하여 재창조하시는 하나님의 활동을 경외심을 가지고 연구하는 일이다. 초자연적인 계시가 어떻게 유기적 진행을 통해 역사에서 연속적으로 다양한 형태로 드러나는지 밝히는 일이다.[27]

계시의 역사적 발전과 진화론적 발전의 차이

여기서 또 다른 질문이 생긴다. 계시의 역사적 발전(historic development) 개념은 진화론적 발전(revolutionary development) 사상과 어떻게 다른가? 실제로 보스는 이런 오해를 의식하고 있다.[28]

그러나 계시의 역사적 발전이라는 말과 진화론적 발전이라

26 Vos, "Idea", 11.

27 Cf. Vos, "Idea", 15.

28 Vos, "Idea", 16.

는 개념은 하늘과 땅 차이가 있다.[29] 진화론은 모든 과정에서 낮은 단계에서 높은 단계로, 불완전한 것에서 완전한 것으로, 순수하지 못한 것에서 순수한 것으로 발전을 주장한다. 성경의 내용도 마찬가지라고 생각한다. 종교의 내용들은 감각적이고 물질적인 것에서 윤리적이고 영적인 것으로 발전한다고 말하고 신관도 정령숭배에서, 다신론, 단신론을 거쳐 유일신론으로 발전한다고 주장한다. 그러나 진화론을 염두에 두고 "계시의 발전"이라고 말한다면, 계시의 초자연적 속성은 처음부터 소멸하고 만다.[30] 형이상학적인 불가지론으로 빠진다.[31] 계시의 절대적 완전성[32]을 훼손하게 된다. 이런 점에서 보스는 현대의 계시 개념이 범신론적으로 기울었다고 평가했다.[33]

그러면 보스는 어떻게 "계시의 역사적 발전" 개념을 계시 자체의 완전성과 초자연적 유신론과 함께 할 수 있는 개념으로 보았는가? 여기서 계시의 유기적 속성을 고려해야 한다. 계시는 유기적 구조를 갖고 있는데, 유기적 존재가 각 단계에서 완전하듯이 유기적 구조를 지닌 계시도 각 단계마다 완전

29 Cf. Vos, "Idea", 16.
30 Cf. Vos, "Idea", 16; "Introduction", 10-11 [22].
31 Cf. Vos, "Idea", 16-17.
32 Cf. Vos, "Introduction", 7.
33 Vos, "Idea", 19.

하다. 메시야에 대한 계시를 예로 들어보자. 메시야에 대한 계시는 "여자의 씨"로 알려질 때 이미 완전하다. 이 계시는 "아브라함의 씨" 또는 "다윗의 씨"로 알려질 때보다 덜 완전한 것이 아니다. 이것은 마치 싹이 그 자체로 나무만큼 완전한 것과 같다.[34] 그러면 어떻게 이미 싹일 때 나무로 자랐을 때만큼 완전한가? 그것은 계시의 단계마다 "구원론적 충족성"이 있기 때문이다.[35]

보스는 이와 같은 계시의 역사적 발전과 유기적 구조를 성경 계시가 지니고 있는 자체의 철학으로 보았다.[36]

성경신학의 유용성

이러한 성경신학은 실천적으로 네 가지 점에서 큰 의의가 있다. 첫째, 성경 진리의 유기적 구조(organic structure of the truth)를 이해하는 데 도움이 된다.[37] 이것은 인간의 생각이 아니요, 하나님 자신의 '장인적 노력'으로 주어진 것이다. 둘째, 현대의 파괴적인 비평학적 견해에 대한 치료책이 된다. 실제로 현

34 Cf. Vos, "Idea", 10.

35 Vos, "Introduction", 7 [16-17].

36 Cf. Vos, "Introduction", 13.

37 Vos, "Idea", 21-22.

대 비평학은 성경을 해체한다.[38] 셋째, 성경 진리를 생동감 있게 접할 수 있게 한다.[39] 넷째, 성경신학은 조직신학에 중요하고 가치가 있다.[40]

성경신학과 교의학의 관계

앞에서 성경신학의 유용성을 언급했다. 이때 보스는 이미 성경신학과 교의학의 관계에 관하여 말했다고 볼 수 있다. 보스의 진단에 따르면, 지난 세기 동안에 조직신학에 대한 반감이 있었다. 심지어 조직신학을 "비성경적인 신학"이라 말하기도 했다. 그리고 이 반감이 "성경신학"이라는 용어로 표출되었다고 말한다. 그러나 보스는 이런 주장의 이면에 지금까지 교회가 형성한 교리들이 진정한 성경적 근거가 없다는 전제가 있다고 보았다. 이런 시각에는 기독교를 단순한 자연 현상으로 보려는 시도가 있으므로 매우 조심해야 한다고 경고한다. 나아가 보스는 진정한 교의학은 본질적으로 성경신학과 다르지 않다고 말한다:

> 만일 교의학을 옳게 계발한다면 진정으로 성경적이며,

38 Vos, "Idea", 22: "…disorganazes the scriptures".

39 Vos, "Idea", 23.

40 Vos, "Idea", 23.

> 나아가 성경신학 만큼이나 진정으로 귀납적인 학문이 된다. 다만 그 구성 원리가 하나는 체계 중심적이고 논리적이며, 다른 하나는 순수히 역사적이다는 점이 다를 뿐이다.[41]

여기서 보스는 두 가지를 분명히 한 것이다. 하나는 성경신학과 교의학의 기반이 주경신학이며, 다른 하나는 두 분과가 옳게 신학을 한다면, 모두 귀납적이어야 한다는 것이다.

지금까지 "보스가 이해한 성경신학"에 관하여 살펴보았다. 그런데 현재 일반인들 사이에는 "보스의 성경신학"에 대한 오해들이 적지 않다. 그것들은 무엇인가?

보스의 "성경신학" 개념에 대한 오해들

"보스의 성경신학"에 대한 여러 오해들은 다음 세 가지로 요약할 수 있다:

첫째, 보스가 "계시의 역사적 발전"을 주장했다고 말하고,

41 Vos, "Idea", 23; Vos, "Introduction", 14.

이것을 "진화론적 발전" 개념과 구별하지 못하는 것이다. 나아가 "계시의 역사적 발전"을 인식론적 측면으로만 파악하는 점이다. 예를 들면, 명료성의 증대 개념이다. 이것은 한편으로 옳다. 보스 또한 성경신학의 역할을 이 개념으로 설명했다. 다시 말해서, 성경신학은 어떻게 진리가 더 큰 충만성과 명료성으로 제시되었는지 다루는 학문이라고 말한다.[42] 그러나 이것만으로는 부족하다. 왜냐하면 계시의 유기적인 구조와 초월적이고 종말론적인 측면을 간과했기 때문이다. 보스에게 있는 계시 개념을 이해하기 위해 이것을 빼거나 충분히 고려하지 않으므로 온갖 오해가 생겨나는 것이다. 보스에 따르면, 계시는 인간의 존재 양식인 시·공 속으로 침투하여 인식론적이고 존재론적 측면을 비롯한 총체적인 측면에서 핵심적인 역사를 이루며 재창조 사역을 해나간다.[43] 따라서 계시는 각 단계마다 완전하고, 각 시대마다 언약백성에게 구원을 주기에 충분한 방식으로 주어졌다.[44]

둘째, 보스가 "역사적 발전"이라고 말할 때, 그 "역사"를 현대적 역사 개념으로 이해하는 것이다. 예를 들면, 역사를

---

42 Cf. Vos, "Idea", 11.

43 Cf. Vos, *Dogmatiek* III 3,14,1: "het ingaan op den tijd, en het deelhebben aan de geschiedenis".

44 Cf. Vos, "Idea", 11; "Introduction", 7-8 [16-17].

"나와 너"의 관계로 파악한다든지, 초월적인 요소는 모두 배제하는 내제적 요소들의 활동장 등으로 읽는 것이다. 이것은 보스의 사상과 거리가 멀다. 보스가 "역사적 발전"이라는 용어를 쓸 때, 그 "역사"는 고전적 의미에서 "역사"이다. 이 역사는 하나님이 자기 백성을 구속하시기 위해 직접 개입하시는 신적 활동의 장이다.

셋째, 어떤 사람들은 역사와 계시를 서로 대립하는 개념으로 파악하기도 한다. 그러나 보스는 계시의 역사성과 역사 안에서 단계단계로 드러난 계시를 모두 인정했다. 보스에게는 진리의 역사적 성격과 진리의 계시적 성격이 서로 대립개념이 아니다.

보스는 성경계시의 역사성과 초월성에 온 생애를 헌신한 사람이었다. 이 헌신은 한편으로 현대신학에 대한 개탄에서 시작되었다. 보스는 현대신학이 현대의 범신론적 계시 개념으로 기운 것을 탄식했다. 신학이 범신론적 계시에 기초를 두면, 필연적으로 계시와 구속의 초자연성을 버리고, 초자연적 유일신론에서 떠나게 된다. 그러면 결국 성경 자체를 해체하고 만다. 다른 한편으로 이 헌신은 신학의 본질에 대한 성찰에 근거하고 있다. 신학이 하나님에 관한 지식을 탐구하는 학문이라면, 초월성과 역사성에 대한 인식없이는 한 걸음도 뗄 수 없다. 학문의 대상이 인간보다 크고, 학문의 토대가 계시뿐이며, 학문의 본성이 수용적이고, 연구자가 역사 속에서 살아가는 인간이기 때문이다.

지금까지 보스의 "교의학"이 태동한 간단한 역사와 보스가 자신의 "성경신학"에 대하여 갖고 있던 개념과 현대적 비평점을 고찰했다. 이를 통해 보스가 전문적인 교의학자였고, 나아가 역사의 획을 긋는 성경신학자였다는 점을 엿볼 수 있었다. 그렇다면 보스는 어떻게 교의학자일 때 성경신학자일 수 있었고, 동시에 성경신학자일 때 교의학자일 수 있었는가?

4

성경신학과 교의학이 하나가 된 신학

프린스턴 교수 중기

2012년 미국에서 보스의 『개혁교의학』(Reformed Dogmatics) 1권이 렉셈 출판사(Lexem Press)에서 출판되었다.[1] 이것은 본래 화란어 원본을 영어로 번역한 것이다. 보스는 이미 1896년에 다섯 권으로 이루어진 『교의학』(Dogmatiek)을 출판했다. 그는 이것과 다른 버전을 1910년에 세 권으로 세상에 내놓은 적이 있다.[2] 물론 보스의 『교의학』은 1888년 9월부터 1893년 6월까지 CRC 신학교 교수사역으로 거슬러 올라간다.

보스의 『교의학』은 그 존재 자체만으로도 시사하는 점이 많다. 무엇보다 보스가 성경신학자 이전에 교의학자였다는 점을 보여준다. 교의학을 가르칠 뿐만 아니라, 최고 수준의 교의학 책을 저술한 것이다. 또 보스가 교의학 논의와 내용에 익숙했다는 사실을 보여준다. 보스의 성경신학 저술들을 읽은 독자들은 이 저술들의 내용에 놀라고 설명에 감동한다. 그러면서 보스의 성경신학에 녹아 있는 교의학적 이해에 대한

1 이것은 그 후 한 해에 평균 한 권 비율로 약 5년 동안 지속되어 2016년 마지막 5권을 출판함으로 완결되었다.

2 G. Vos, *Dogmatiek* I-V (Grand Rapids, 1896); *Dogmatiek* I-III (Grand Rapids, 1910)

궁금증이 인다. 보스의 『교의학』에서 이 비밀의 일부를 엿볼 수 있다.

교의학과 하나가 된 성경신학

보스는 현대의 일반적인 신학 경향과는 다르게 신학을 했다. 더 정확하게 표현하자면, 신학의 본질과 계시에 대한 물러섬 없는 고수와 헌신 때문에 당시 신학과 같은 길을 갈수 없었다. 보스는 "길에 서서 옛적 길을 알아보고 그리로" 걸었다(cf. 렘 6:16; 31:21). 보스가 걸었던 길의 큰 특징은 무엇인가? 가장 큰 장점은 교의학과 성경신학이 통합되어 있다는 점이다.

현대의 많은 성경신학자들은 신약과 구약을 분리한다. 신약 분과 또는 구약 분과에 들어오면, 다시 성경 각 권의 신학을 찾는다. 각 권의 독특성을 지나치게 강조한다. 그러면서 통일성을 놓치는 경우가 많다. 이런 경향은 성경신학의 독립성을 확보하기 위해 성경신학을 교의신학에서 분리한데서 비롯된 것이라 볼 수 있다. 이것은 정해진 교리 아래 성경의 내용을 억압하는 신학방식에 대한 반발이었다. 더 구체적으로 말하면, 성경을 교의학적 개념을 증명하기 위한 증거본문으로 사용하는 교의학적 방법론에 문제를 제기한 것이었다. 따라서 자체로 나쁜 동기에서 출발한 것이라 볼 수는 없다.[3] 그럼에도 성경의 문학성은 살린 반면, 성경의 신학성과 역사성은 극히 약화되었다.

특히 현대의 성경신학은 초자연적 계시를 전부 거부했다. 계시가 시·공속으로 침투한다는 개념을 모두 몰아냈다. 그리고 계시를 인간 내에 존재하는 종교적 현상들로 설명하려 한다. 성경학자들은 이 기본적인 전제에서 출발하는 경우가 많다. 그들은 신약이나 구약의 문학사(= 문헌단위 역사), 전승사(= 전승의 역사), 양식사(= 양식의 발전 역사) 등을 말하면서 '역사'를 강조한다. 하지만 실제로 현대 성경학자들은 고전적 의미의 전통과 그 전통의 궁극적 근원이신 하나님에 대하여 강한 적대감을 갖고 있다. 이런 상황에서 성경의 완전영감, 성경무오와 같은 개념은 설 자리가 없다. 결국 역사를 말하면서도 역사가 아닌 해석자의 의지를 '말한다'. 이성이 고전적인 의미의 전통을 버리며, 자신을 낮추어 자기 백성과 소통하기 위해 시·공

3 Cf. G. Vos, *Biblical Theology: Old and New Testament* (Edinburgh: The Banner of Truth Trust, 2000), 9; G. F. Hasel, *New Testament Theology: Basic Issues in the Current Debate* (Grand Rapids: Eerdmans, 1978), 22-24 (=『신약신학: 현재 논쟁의 기본 이슈들』, 권성수 옮김 [서울: 엠마오, 2000], 23-25).

속으로 들어와 활동하시는 하나님을 배척한다.

그러나 보스의 성경신학은 계시의 초월성, 계시의 역사적 본질과 성격, 기록된 성경계시의 유기적 통일성을 원리로 삼는다. 방법론이 아니라 본질로 인정한다. 보스는 신학이 하나님에 대한 앎을 추구하는 학문이라면, 이 원리들이 아니면, 집을 지을 수 없고 길을 갈 수 없다고 생각한다. 보스의 석사 논문은 모세오경 자료설에 대한 체계적인 비판이었다. 여기서 보스는 자료설의 여러 오류들을 지적한다. 뿐만 아니라 이런 견해로는 파괴되지 않는 기반이 성경자체에 있다는 점들을 제시한다. 따라서 이 연구로 보스는 성경의 위엄을 더욱 깊이 인식하게 되었다.

보스가 다시 프린스턴으로 돌아와 학생이 아닌 교수의 신분으로 전념했던 연구들은 성경 자체의 내용연구와 성경 자체의 특별계시 역사관에 관한 연구로 볼 수 있다. 여기서 보스의 신학이 무르익은 열매의 모습으로 나타났다. 이 열매의 가장 큰 특징은 무엇인가? 그것은 보스의 저서들에는 예외없이, 『성경신학』이든, 『바울 종말론』이든, 『구약의 종말론』이든, 그의 논문집 『구속사와 성경해석』이든, 성경신학과 교의학이 하나가 된 신학으로 나타난다는 점이다.

그렇다면 보스가 이렇게 통합적인 사고를 할 수 있었던 이유는 무엇이었는가? 이 질문에 한 두 마디로 대답하기 어려울 것이다. 그러나 그 이유들 중에 빼놓을 수 없는 것이 바로 보스의 교의학 강의 경험이라는 사실이다. 그것도 그의 학문적 활동의 초기에 교의학을 심화할 기회를 가진 것이다.

물론 보스는 현재 칼빈신학교(Calvin Theological Seminary) 전신인 CRC 신학교에서 활동을 시작할 당시 이미 구약학에 깊은 조예가 있었다. 보스가 독일 베를린에 있을 때 아직 학위를 받기 전에 카이퍼(Abraham Kuyper; 1837-1920)가 화란 자유대학의 구약 교수로 이미 초청할 정도였다. 또 보스는 스트라스부르그에서 아랍어 사본 연구로 학위를 받았다. 그러나 보스가 학위를 마친 후 CRC 신학교에서 처음 가르친 과목은 교의학(Dogmatiek)이었다. 보스는 여기서 CRC 교단 목회자 후보생들을 가르쳤다(1888-1893).

보스가 여기서 심화한 교의학 지식은 곧 빛을 나타내었다. 보스가 1893년 프린스턴 신학교(Princeton Theological Seminary)로 옮겨 이 학교에 '성경신학' 분과를 맡아 가르쳤을 때(1893-1932) 벌써 드러났다. '성경신학' 분과는 그때까지만 해도 구 프린스턴 신학교에 분과로서 존재하지 않았다. 보스의 교의학 지식은 구약과 신약을 가르치는 강의에서 새로운 언어를 입고 나타났다. 나아가 그의 교의학 지식은『성경신학』(Biblical Theology)과 같은 특이한 저작의 밑거름이 되었다. 이 저작에서 독자들은 어떻게 신·구약을 성경신학과 교의학이 동시에 접목된 시각에서 볼 수 있는지 들을 수 있다.

반대로 보스는 교의학을 가르칠 때에도 꾸준히 자신의 성경신학 지식을 확장하고 심화했다. 보스는 끊임없이 성경신학 관련서적을 읽었다. 읽기만 한 것이 아니라 정리했다. 이것을 미국으로 이민해 온 화란 그리스도인들과 장로교 신자들을 위해 서평 형태로 기고했다. 보스의 서평은 1889년부터 1919년까지 계속되었다. 물론 여기에는 바빙크의『개혁교의학』(Gereformeerde Dogmatiek)과 같은 교의학 저서들도 있었다. 하지만 대부분 화란과 독일, 영미권에서 나오는 최근 성경신학 저서들이었다. 여기에는 당시 비평학계가 "예수님의 메시야 의식에 대한 의심"하는 것을 비평한 것을 비롯한 아돌프 슐라터의 저작들도 포함되었다. 교의학자로서 성경신학적 저작들을 꾸준히 연구하는 이런 특징은 단순히 보스만의 것이 아니었다. 헤르만 바빙크 또한 교의학, 성경신학, 역사, 철학, 교육학 등 저서들을 꾸준히 읽었다. 또한 이들 두 사람은 서로 이런 일을 독려했다.[4]

4 보스는 현대 신학계의 저서들을 미국 장로교인들과 화란 개혁교회 이주민들에게 소개해 달라는 워필드의 요청을 받고 당시 화란 깜뻔(Kampen Oude-

성경신학과 하나가 된 교의학

보스의 교의학의 가장 두드러진 특징은 무엇인가? 그것은 '성경주해에 기반한 교의학'이라고 할 수 있다. 이것을 확인하기 위해 멀리 갈 필요가 없다. 이것은 보스의 『교의학』을 펴면 어디서나 확인할 수 있다. 하나의 교의 항목을 짧은 질문으로 시작한다. 그런 다음 이 질문에 대한 답을 한다. 이 대답은 긴 논증이 아니라 요리문답에 있는 답변과 비슷하다. 이런 답변을 위해서는 질문을 분화하고 조직해야 한다. 보스는 할 수 있는 한 작은 단위로 세분했다. 그러나 성격상 그럴 수 없는 것도 있었다. 예를 들어, 교리사적 설명이 필요한 경우이다. 한 주제에 대한 다양한 신학자들의 견해를 비교제시해야 할 경우도 있다. 그러나 이런 경우에도 보스는 교의학적 사고를 성경과 연결하려고 시도한다. 어떤 본문에서 그런 교의적 개념이 나왔는지 추론하고, 그 역사는 무엇이었는지 간단히 설명하는 것이다. 만일 기독교 각 분파가 어떤 교의를 다르게 이해하는 경우에는, 단위를 정하고 작은 질문 몇 개를 연속으

---

straat)에 있던 바빙크에게 자신이 서평해야 할 가치가 있는 책을 정기적으로 소개해 줄 것을 부탁한다; "Vos to Herman Bavinck, Feb. 1, 1890", in Dennison, *Letters of Geerhardus Vos*, 132.

로 배치하여 설명한다. 독자들은 이 연속질문과 답을 읽으면서, 어떤 주장이 가장 성경에 가까운 것인지, 각 분파의 추론이 어떤 점에서 근거가 있으며, 어떤 점에서 억지인지 파악할 수 있다. 이것이 교의학자 보스의 저술 원칙이다. 그래서 보스의 『교의학』에서는 어느 곳에서나 늘 핵심본문을 명시하고 주해하는 일에서 시작하고 마친다.

보스의 『교의학』은 성경주해의 원리뿐만 아니라 주해의 실제와 절차를 담고 있다. 예를 들어, 1권의 제1부 3장은 삼위일체론이다. 보스의 『교의학』에서 삼위일체론은 총 98개의 질문과 답으로 구성되어 있다. 여기서 보스는 삼위일체에 중요한 본문들을 각각 하나의 질문으로 채택하고 이 질문이 다루는 성경구절을 자세히 주해한다.[5] 또 1권 1부 5장의 예정론을 들 수 있다. 보스는 예정론의 많은 부분을 로마서 9-11장[6], 에베소서와 골로새서[7]를 해설하는 것으로 이루어져 있다. 또 1권 1부 6장에서 창조를 다룰 때, 보스는 창세기 1-2장을 거의 매절 해설하고 있다.[8] 바로 이것이 보스의 교의학의 독

5 Cf. Vos, *Dogmatiek*, I 3,33.37.38 etc.

6 Cf. Vos, *Dogmatiek*, I 5,40-51.

7 Cf. Vos, *Dogmatiek*, I 5,52.

8 Cf. Vos, *Dogmatiek*, I 6,9-53.

특한 점이다.

보스의 『교의학』은 이전 핫지(Charles Hodge; 1797 - 1878)의 『조직신학』과 많은 부분 깊은 연관이 있다. 또한 이후 벌코프(Louis Berkhof; 1873 - 1957)의 『조직신학』에 지대한 영향을 주었다. 하지만 보스의 교의학에는 핫지와 벌코프에게서 발견할 수 없는 점이 있다. 이것은 성경에 대한 이해와 교의에 대한 진지함, 교육학적 고려, 경건 등이 함께 어우러진 주해와 설명이다. 이렇게 성경주해에 기반하여 교의설명이 진행되는 동안 독자들은 마치 보스가 강의실에서 학생들에게 성경을 해설하고 있는 것을 생생하게 듣는 듯한 인상을 받게 된다. 성경에 대한 깊은 설명을 듣게 된다.

그러나 보스의 『교의학』은 단순한 성경주해로 그치지 않는다. 여기에는 성경 해설이 교의학 내용과 연결되도록 하는 노력이 있다. 그래서 전혀 그런 내용을 찾지 못했던 본문에도 그와 연관된 교의학적인 의미가 있었다는 것을 발견하도록 실제적으로 도와준다. 이것은 보스의 깊은 성경이해 때문에 가능하다고 볼 수 있다. 예를 들어, 보스는 그의 『교의학』 1권 2부 117번 질문에서 "당신은 하나님의 의를 증명할 증거구절을 제공할 수 있는가?" 묻고, 답으로 "출애굽기 22:5-6"을 제시한다. 그런데 이 구절에는 "의"나 "정의" 등의 말이 직접적으로 나타나지 않는다. 그러나 출애굽기 본문을 천천히 숙독하면 이 본문이 사람이 민법상 어떤 배상을 해야 공의로운 것인지 다루는 본문임을 알게 된다. 이것은 보스가 매우 일반적인 내용이 들어 있는 본문을 읽으면서도, 얼마나 깊은 교의학적 사고를 하는지 보여주는 단적인 예이다. 또 보스는 앞의 질문에 대한 답에서 로마서 2:6-11을 출애굽기 22:5-6 옆에 나란히 둔다. 로마서 2:6-11은 구원론적인 측면에서 칭의를 넘어서서 전 인생을 공평하게 심판하시는 하나님에 관한 내용이다. 따라서 이 증거구절 자체가 바로 앞[9]에서 다룬 논의에 대한 훌륭한 요약이 되는 셈이다.

실천신학과 통합된 교의학

나아가 보스는 어떻게 교의학적 이해가 실천 영역에서 하나가 되어야 하는지 늘 염두에 두고 있다. 보스는 그의 『교의학』 2부 3장 15번째 질문에 대한 대답[10]에서 중보자 그리스도의 사역과 설교자를 나란히 둔다. 그리고 이들 사이에 사역적으로

---

9 Vos, *Dogmatiek*, I 2,101-116.

10 Cf. Vos, *Dogmatiek*, II 3,15,2.

어떤 유비가 일어나는지 설명한다. 그리스도께서는 중보자로서 자신을 하나님과 죄인 사이에 두신다. 그리고 하나님의 하신 일을 알리신다. 이렇게 함으로써 언약 안에 들어오도록 예정된 죄인들을 하나님께 인도하는 일을 하신다. 그런데 이 그리스도의 사역이 말씀 사역자가 말씀을 섬기는 일 안에서 동일하게 일어난다는 것이다. 여기서 보스는 고린도후서 5:20을 인용한다. 이것은 보스가 하나님의 말씀을 전하는 일을 얼마나 숭고한 직무로 생각했는지 보여준다.

자신의 한계를 인식하고 있는 교의학

마지막으로 보스의 『교의학』에서 독자들은 매우 균형 잡힌 신학적 판단과 평가를 만날 수 있다. 이 책은 한편으로 보스의 개혁신학에 대한 깊은 확신과 헌신을 보여준다. 이것은 거의 모든 페이지에서 확인할 수 있다. 몇 가지 예를 들자면, 개혁파 신학자들이 어떤 의미에서 하나님을 알 수 없다고 말하는가 논하는 부분[11]이나, 인간 영혼의 기원에 관한 세 이론 중

11 Vos, *Dogmatiek*, I 1,2.

창조설을 지지한다고 언급하는 곳[12], 개혁파 언약론을 자세히 소개하는 부분[13] 등이다.

그러나 다른 한편으로 개혁신학의 한계도 지적한다. 예를 들어, 개혁신학은 그리스도를 영원한 은혜언약의 중보자라고 한다. 개혁신학에 따르면, 그리스도에 대한 약속이 이미 있었고, 그는 시간의 충만이 이르렀을 때 나타나셨다. 그러나 신자들은 어떤가? 신자들은 영원한 존재가 아니다. 여기서 문제가 생긴다. "신자들이 언약의 당사자들이 되려면 그들이 영원까지 소급하여 사는 것이 요청되기" 때문이다. 보스에 따르면, 이것이 "개혁신학의 최대 약점"이다.[14] 또 외적인 언약관계와 내적인 언약교제는 어떤 연관성이 있는가? "언약관계에 언약교제가 따라와야 하는데, 이 일이 무력하게 보이는 때가 있다." 그것은 "열매 없이 남아 있는 언약"의 경우이다. 이때는 "메마르고 법적인 관계, 즉 '그래야 함'(het moeten-zijn)이 언약이라는 이름을 통해 우리 마음에 떠오르는 영광스러운 현실의 자리를 차지하는 것처럼 보인다." 보스는 "여기가 펠라기우스 오류가 실제로 언약개념을 수단으로 하여 개혁파 교리에

---

12 Vos, *Dogmatiek*, II 1,9.

13 Vos, *Dogmatiek*, II 3,18.

14 Cf. Vos, *Dogmatiek*, II 3,17.

접근하는 지점"이라고 진단한다.[15] 또 섭리 교리에 신적 협력론이라는 것이 있다. 보스는 이 교리를 논할 때, 개혁파 신학이 이신론보다 더 조심해야 할 점이 있음을 지적한다. "왜냐하면 우리의 기본 원칙은 우리를 이신론적인 방향으로가 아닌 범신론적인 방향으로 몰아가기 때문이다".[16]

지금까지 보스의 생애와 보스의 신학의 특징을 살펴보았다. 보스의 신학은 교의학, 성경신학, 설교와 교육 등 실천신학, 선교가 하나의 유기체처럼 기능을 다하는 '통합신학'의 면모를 지닌다.

어떻게 보스가 교의학과 성경신학이 하나가 된 독특한 신학자의 길을 갈 수 있게 되었는가 하는 질문에 대답할 때, CRC 교단의 신학교에서 초기 활동, "교의학자"로서 활동, 『교의학』이란 저서를 결실로 내놓은 시기는 시사하는 점이 많다. 이때 심화된 교의학 지식은 중기와 후기에 약 117권의 성경신학 저술들을 읽고 서평하는 과정, 프린스턴에서 39년 동안 이어진 가르치는 사역, 매 방학 때마다 로어링 브랜치에서 독서, 묵상, 저술, 기도와 연결되었다.

---

15 Cf. Vos, *Dogmatiek*, II 3,30,7.

16 Vos, *Dogmatiek*, I 7,13.

그렇다면 보스와 보스의 저술들이 현대에 어떤 기여를 할 수 있으며 앞으로 남은 과제는 무엇인가? 이에 대하여 마지막 장에서 간략히 살펴보자.

5

보스 신학의 현대적 의의와 과제

프린스턴 교수 후기

보스의 교의학과 성경신학의 통합적 이해가 오늘날 그리스도인과 교회에 어떤 의미가 있는지 다음 네 가지로 생각해 볼 수 있다.

1. 오늘날 신학의 파편화 현상은 매우 광범하다. 이러한 경향에 대해서 심지어 비평학계에서도 이런 자성의 목소리가 나오고 있다. 신약신학과 구약신학이 점점 문헌학에 가까워지고 있기 때문이다. 실제로 주경신학의 결과물에서 독자들은 성경에 대한 통찰은 없고 수많은 1차자료와 2차자료들이 나열이 되어 있는 것을 보고 있기 때문이다. 이 자료들 중 대부분은 독자들이 확인조차 할 수 없는 것들이 많다.

이렇게 된 근본적인 원인은 성경학과 교의학을 분리한 데 있다. 교의학적 용어들을 성경신학에서 몰아냈기 때문이다. 성경은 문학서요 역사서이기도 하지만 근본적으로 신학서이다. 여기서 "신학서"란 천지를 창조하신 하나님의 창조와 구속과 완성을 위한 활동을 다루는 책이란 의미이다. 그러므로 보이지 않는 무한자요 절대자이신 하나님의 계시와 영감을 전제하지 않으면, 신학의 내용 전부를 잃게 된다. 그 폐혜는 고스란히 신자들에게 오게 된다.

이런 상황에서 보스는 우리에게 성경신학, 교의학, 교회사, 실천신학 등 각 분야를 통합적으로 사고하고 실천하는 신학을 위한 하나의 모델이 될 수 있다. 보스의 교의학과 성경신학 저서들은 이 일을 위한 지침이 될 수 있을 것이다.

2. 독자들은 보스에게서 교의학과 성경신학이 하나가 된 신학을 접할 수 있다. 이 신학을 "통합신학"이라고 부른다면, 이 "통합신학"은 교부시대와 종교개혁 시기에는 일반적인 현상이었다. 또 현대에도 '유명하지 않은 조용한 학자들'의 보편적인 특징이다. 그러나 이것이 학자들의 전유물이어서는 안 된다. 칼뱅은 하나님을 아는 지식과 자신을 아는 지식이 신학자들에게 있어야 할 필수요건이 아니라, 기독교 신자들이라면 누구에게나 있어야 할 지식으로 보았다. 칼뱅에 따르면, 『기독교강요』 초판과 최종판 정도의 신지식이 신자들의 믿음을 위해 필요하다고 본 것이다. 오늘날 신자들은 신학을 다른 사람에게 맡기는 경향이 있다. 매우 위험한 일이다. 목회자들은 성경과 교리, 성경역사와 교회역사를 신자들에게 돌려주고, 신자들이 하나님의 부요를 누릴 수 있도록 도와야 한다.

이것이 목회자의 보람과 즐거움이 될 때, 목회자 자신과 교회는 위로부터 은혜를 누릴 것이다.

3. 보스는 자신의 신학을 전달하는 매체에 신경을 썼다. 보스는 카이퍼와 같은 백과사전적 방식도, 바빙크나 보나벤투라와 같은 로치방식도 쓰지 않았다. 보스는 『교의학』을 요리문답형식으로 썼고, 『성경신학』은 추상화되지 않도록 이야기 방식("역사")으로 펼쳤다.

물론 보스의 산문이 해독이 필요할 만큼 어렵고 함축적이고 보스의 영어는 화란어적 영어이며, 보스의 화란어는 고전 화란어인 것은 사실이다. 또 고전 화란어가 일반적으로 독일어와 가까운 것이 사실이다. 나아가 보스 저작들의 한국어 번역은 영어나 화란어보다 몇 배는 어려운 것도 사실이다.

그러나 이것이 보스의 교육학적 노력을 축소하지 않는다. 보스가 교의학을 가르칠 때, 학생들의 모국어인 화란어로 가르쳤다. 그는 직접 교의학 강의 원고를 작성했고, 이때 요리문답형식을 택하여 전달이 용이하게 했을 뿐만 아니라 자가학습이 가능하게 했다. 동시에 라틴어 교의학 용어를 화란어로 번역하여 학생들이 쉽게 이해할 수 있도록 했다. 이런 노력은 찰스 핫지가 구프린스턴에서 프랜시스 튜레틴의 『변증신학』을 교과서로 삼고, 자신의 강의안에 라틴어 본문을 그대로 실었던 것과 많은 차이가 난다. 이것은 일차적으로 핫지와 보스가 가르쳐야 할 학생들에 차이가 있었기 때문이었다. 그러나 궁극적으로는 그의 통찰과 책임감이 하나가 된 열의 때문이다. 보스는 신학을 하기 위한 인문학 준비가 전혀 되어 있지 않거나 부족한 학생들에게[1], 교회에서 거룩한 교리를 책임있게 가르칠 수 있는 토대를 마련하고자 했고, 이 노력에서 그의 『교의학』과 같은 특이한 작품이 탄생한 것이다.

그러면 왜 보스의 『교의학』 이후 저작들에서는 이런 교육학적 배려가 나타나지 않는 것처럼 보이는가? 이것은 정당한 질문이다. 하지만 이러한 관찰에는 한 가지 고려하지 않은 점이 있다. 보스는 프린스턴에서 교수사역을 하는 동안 자신의 강의와 연구결과를 거의 출판하지 않았다. 『성경신학』은 보스가 은퇴한지 16년 후에 정식으로 출판되었다. 그 전까지는 강의안으로 남아 있었다. 따라서 이 책에 나오는 함축적이고 압축적인 표현들은 본래 독자들을 의식한 문장들이 아닌 것이다. 여기에 강의실에서 보스가 설명하고 학생들이 질문하고 서로 토론하는 일이 더해져야 완성되는 요소들이 있는 것이다. 또 보스의 가장 뛰어난 작품으로 평가받는 『바울의 종말론』은 그

1 앞의 제2장 "교수사역"에서 "칼빈신학교" 부분을 참조하라.

가 은퇴하기 2년 전(1930)에 출판한 책이다. 이 책의 내용은 대부분 보스가 프린스턴 신학평론지(PTR)나 바이블스튜던트(BiSt) 등에 발표했던 논문들을 모은 것이다. 나아가 보스가 은퇴하기 6년 전(1926)에 출판한 『예수의 자기계시』도 바이블 매거진(BM)이라는 저널에 실은 글들을 모은 것이다. 따라서 『성경신학』은 강의안이었다는 것을 기억하고 읽어야 하고, 『바울의 종말론』이나 『예수의 자기계시』는 각 장을 논문을 읽는 방식으로 읽고, 독자 스스로 성경을 펴고 논지마다 거꾸로 연구해야 더 잘 이해할 수 있다.

그렇다면 보스가 독자를 고려하여 저술한 책이 있는가? 있다면 그 책들은 어떤 형태인가? 보스가 프린스턴에서 일할 때, 일반 독자들을 대상으로 쓴 책은 두 권이다: 『하나님 나라와 교회에 대한 예수님의 가르침』(1903)과 『은혜와 영광』(1922). 두 번째 책은 보스가 프린스턴 신학교 밀러 채플에서 신학생들에게 설교한 여섯 편의 설교를 모은 것이다. 그런데 이 책들은 문장이 쉽고 각 장의 호흡도 짧다. 그러면서도 주제에 맞게 내용이 깊고, 어느 글이든 독자들이 신앙의 양식을 얻을 뿐만 아니라, 성경을 어떻게 읽어야 하는지 익힐 수 있도록 했다.

4. 오늘날 하나님의 교회를 위한 성경의 메시지를 발굴하고, “계시의 특별역사”에 대한 이해를 심화하는 일에 보스가 유일한 길이라고는 할 수 없다. 그럼에도 보스는 지난 세기 교의학과 성경신학 분야에서 실제로 일했고, 교의학과 성경신학이 하나가 된 신학을 실제로 구현했으며, 그 결과를 저서로 남긴 인물들 중 하나이다. 그러므로 보스는 가장 먼저 자문을 구해야 할 인물이요, 보스의 저작들은 가장 우선적으로 참고해야 할 자료이다.

보스의 신학을 아는 길은 보스의 저작들의 내용을 파악하는 일에 달려 있다. 보스의 저작들을 내용을 파악하려면, 보스 전문 연구자들이 필요하다. 보스 연구자들이 있어야, 예를 들어, 보스가 성경신학을 강의할 때, 그가 학생들에게 주었던 도움을 줄 수가 있다. 함축적인 문장을 읽고, 해석하며, 설명을 덧붙여, 하나님이 하시는 구속사역의 전체 그림을 보여주고, 거기에 신자들이 참여할 수 있다.

어떻게 이렇게 할 수 있는가? 실천적으로 두 가지가 필요하다. 첫째는 보스의 저작들을 여러 번 읽는 것이다. 보스의 『교의학』이나 『성경신학』, 『바울의 종말론』, 그외의 글들은 여러 번 읽을 가치가 있다. 이 책들을 20번 읽는 것이 같은 주제를 다룬 책 20권을 읽는 것보다 낫다. 이 책들을 20번 읽으면, 자연히 이 책들의 내용을 이해하고, 성경의 세계가 열릴 것이며, 보스의 장·단점을 알고, 비평적 안목을 갖출 수 있을 것이다. 그러면 자연히 보스 연구자와 전문가가 될 것이다. 둘째는 보스 전문가들이 연대하고 네트워크를 이루는 것이다. 그러면 토론을 통해 미진한 부분을 보충하고, 아직 열리지 않는 부분이 열리면서 더 큰 통찰을 얻을 수 있을 것이다.

그러면 교회가 하나님의 말씀의 위엄을 인식하고, 신앙이 견고해지는 유익을 얻게 될 것이다. 보스의 신학을 성경 독자들이 좀더 쉽게 접하고, 계시의 부요함과 생동감을 만날 수 있게 하는 노력은 우리 모두의 과제이다.

지금까지 보스의 신학이 현대에 어떤 의미가 있으며, 우리의 과제는 무엇인지 생각해 보았다. 이제 최근에 일어나고 있는 보스와 보스 저작들에 대한 관심을 살펴보자.

6

보스 저작물에 대한 최근 관심과 출판

은퇴 후(70세)

최근에 옛 정통주의 신학자들의 유산을 복원하려는 운동과 함께 보스에 대한 관심과 연구, 소개, 대중화를 위한 노력이 시작되었다. 이 노력은 큰 움직임은 아니지만, 현대 교회의 필요를 반영한 것이고, 그 핵심은 성경에 대한 깊은 갈증이라는 점에서 의미가 있다. 이 노력에는 크게 네 가지 형태가 있다.

첫째, 그동안 알려지지 않은 보스의 저작들이 최근 10년 사이에 많이 출판되었다. 예를 들면, 『구약의 종말론』(2001)[1]이나 『개혁교의학』(2012-2016)[2], 『바누 우마야와 바누 하심의 전투와 싸움』(2016)[3], 『오경의 모세기원론』(2017)[4] 등이다.

1 G. Vos, *The Eschatology of the Old Testament*, ed. by James T. Dennison Jr. (Phillipsburg: P&R, 2001).

2 G. Vos, *Reformed Dogmatics*, 5 Vols, 2012-2016; 영역본은 화란어판 *Dogmatiek,* 5 Vols (Grand Rapids, 1910); 3 Vols (Grand Rapids 1896)을 번역한 것이다.

3 G. Vos, *Die Kämpfe und Streitigkeiten zwischen den Banū ʿUmajja und den Banū Hāšim: Eine Abhandlung von Taḳijj ad-dīn Al-Maḳrīzijj.* Der Arabische Text nach der Leidene, Wiener und Strassburger Handschrift Herausgegeben (Leiden: Brill, 1888).

4 G. Vos, *The Mosaic Origin of the Pentateuchal Codes. With an introduction by Professor William Henry Green* (New York: A. C. Armstrong & Son, 1886).

둘째, 최근에 이전에 출판되었으나 절판되어 중고시장에서도 구할 수 없는 보스의 저서들을 재출판하고 있다. 여기에는 『성경신학』(2014), 『하나님 나라와 교회』(2009, 2014, 2015, 2016, 2017),『히브리서의 교훈』(2007, 2013, 2017, 2019),『은혜와 영광』(2007, 2017) 등이 있다. 이 중에서『하나님 나라와 교회』는 자주 재출판되어 나오고 있다. 형태도 제본수준의 출판부터 다양하다. 과거에도 현재에도 하나님 나라에 대한 책은 많다. 산을 이룰 수 있고, 작은 홍수가 아니다. 그 중에서 두 권을 고르라면, 헤르만 리델보스의『하나님 나라의 도래』와 게르할더스 보스의『하나님 나라와 교회』가 뽑힐 것이다. 하지만 많은 사람들이 보스 책을 택한다. 간결성과 깊이 때문이다. 예수님께서 가르치신 하나님 나라의 다양한 측면을 이렇게 간결하고 원숙하게 다룬 책은 찾기 힘들다. 웨스트민스터신학교 신약학 교수였던 스톤하우스(Ned. B. Stonehouse; 1902 - 1962)는 리델보스의 책은 옆에 두고 계속 참조하라고 권했다. 그러나 보스의 책은 일 년에 적어도 한 번씩 읽어야 한다고 말했다. 실제로 주일 사역이 끝나고 집에 들어왔을 때, 몸과 영혼의 쉼을 주는 책이다. 『은혜와 영광』은 보스의 설교모음집이다. 1922년 출판된 후 계속해서 사랑받는 책이다.『하나님 나라와 교회』와『은혜와 영광』은 보스의 글이 얼마나 교회에 유익을 주는지 잘 보여준다.

셋째, 디지털 형태의 보급이다. 이 영역은 현재 매우 활발하다. 그동안 아날로그가 시도하지 못했던 일을 한다.

한편으로 인터넷 싸이트와 인터넷 방송, SNS를 이용하는 것이다. 예를 들면, 보스의 저작들을 소개하는 익명의 싸이트이다.[5] 노스웨스트 신학교 학장이었던 데니슨(James T. Dennison; 1943-)이 작성한 보스의 저작목록을 기본으로 하였다. 이것을 올링거(Danny E. Olinger)가 약간 수정하여 올렸다. 이 목록은 1886-2001까지 저작들을 포함하고 있는데, 대부분 디지털화(PDF)해서 연결해 두었다. 여기서 독자들은 보스 저작을 한눈에 볼 수 있다. 그뿐만이 아니다. 보스의 설교나 시, 편지 등 잘 알려지지 않은 작품들을 싣는 사이트도 있다.[6] 그런가 하면 최근에는 개혁신학의 내용을 안내하는 유튜브 방송도 생겨났다. 리폼드포룸 대표인 켐던 뷰시(Hope OPC목사, 미드어메리카 신학교 교수)가 레인 팁턴(웨스트민스터신학교 조직신학 교수)과 함께 진행한다.[7] 다른 패널들이 등장할 때도 있다. 이들은

5 http://www.biblicaltheology.org.

6 http://www.kerux.com.

7 https://reformedforum.org/resources/vos; 또는 https://reformedforum.org/category/series/vos-group.

『성경신학』을 약 5년 6개월 동안(2013.12.13-2019.7.5) 한 달에 한 번씩 해설하고 토론하고 있다. 놀라운 것은 평균 50분 정도 방송을 하는데, 두 사람이 다루는 내용은 적게는 두 페이지 많게는 여섯 페이지 밖에 안된다는 점이다. 물론 진행자들이 처음 보스의 글을 접했을 때, 질문과 고민 등이 들어오므로, 시간이 늘어나는 면도 있다. 하지만 이것은 보스의 글이 얼마나 밀도가 높은 글인지 보여준다. 또 영어가 모국어인 사람들도 자주 반복하여 읽음으로써만 내용을 섭취할 수 있다는 점을 보여준다.

다른 한편으로 이북(eBooks)을 제작하는 것이다. 여기에는 크게 두 가지 갈래가 있다. 하나는 로고스에서 열네 권짜리 『보스선집』(2013)을 내놓은 것이다. 이 선집 안에는 보스의 주요저작과 학술지에 게재된 논문, 사전에 실은 논문, 서평, 교수 및 학장 취임 연설, 시집 등이 들어 있다. 다른 하나는 리소스 디지털 퍼블리싱(re:Source Digital Pub.)에서 2017년 내놓은 킨들판(Kindle Ed.) 이북이다. 주로 다양한 보스의 논문과 서평을 주제별로 묶어서 내놓았다. 『은혜와 영광』은 설교집으로 예외이다. 또 이포그룹(E4 Group)이라는 곳에서는 보스가 가르칠 때, 학생이었던 이들에게 자료를 받아 『해석학과 성경연구』(2013)라는 책을 킨들에서 읽을 수 있도록 내놓았다. 이 책은 21장이나 되고, 분량은 무려 7,091쪽에 달한다.

넷째, 한국에서는 새로운 책을 번역하기도 하고, 이전에 번역했던 책을 다른 번역자가 재번역하기도 했다. 『구약의 종말론』(박규태, 2016), 『성경신학』(원광연, 2005),『바울의 종말론』(원광연, 2015) 등을 예로 들 수 있다.

이상을 정리하면 다음과 같다:

		2007	2008	2009	2010	2011	2012	2013	2014	2015	2016	2017	2018	2019
1	『오경의 모세기원론』									●		●		
2	『전투와 싸움』										●			
3	『교의학』						●(1)		●(2) ●(3)	●(4)	●(5)			
4	『하나님 나라와 교회』			●					●	● ●	●	● ●		
5	『성경신학』								●					
6	『성경신학의 개념』									●	●			●
7	『히브리서와 언약』											●		
8	『히브리서의 교훈』	●						●				●		●
9	『은혜와 영광』(설교집)	●										●		

10	『해석학과 성경연구』 (강의록)							●						
11	『보스선집』 (14권; Logos)							●						
12	『기독교인의 성품』 (논문집, Kindle)												●	
13	『새로운 세계』 (논문집, Kindle)												●	
14	『복음서』 (논문집, Kindle)												●	
15	『바울신학』 (논문집, Kindle)												●	
16	『구약』 (논문집, Kindle)												●	
17	『신약』 (논문집, Kindle)												●	
18	『서양리듬』 (시)											●		
19	『은혜』 (시)											●		

이상으로 최근 전세계에서 일어나는 보스 저작들에 대한 관심과 다양한 출간물을 짧게 살펴보았다. 이제 마지막으로 실제로 보스와 보스의 저작들은 어떤 것들이 있으며, 어떻게 이 자료에 접근할 수 있는지 살펴보자.

7

보스 연구자료

보스 저작들에 대한 상세한 목록은 데니슨(James T, Dennison)과 더 클럭(Peter de Klerk)이 작성한 문헌목록에서 발견할 수 있다. 이 저서 목록은 개핀이 편집한 보스의 논문집(Redemptive History and Biblical Interpretation, 1980)에 다시 인쇄되었다. 온라인 상에서는 성경신학 싸이트(www.biblicaltheology.org)에 있다. 이 싸이트에 있는 목록에서는 해당 제목과 디지털로 제공할 수 있는 글들(PDF)을 링크시켜 참고할 수 있도록 했다. 다만 원본 페이지를 확인할 수는 없다는 점이 아쉬운 점이다. 프린스턴신학교 디지털 컬렉션에서 오래된 학술잡지에 실린 거의 모든 자료를 디지털화하여 제공하고 있는데(http://diglib.ptsem.edu/pts-journals), 이 싸이트에 들어가면 검색, 열람, 다운로드가 가능하다. 참고하면 유익하다. 또 보스와 카이퍼, 바빙크 등 화란 신칼빈주의자들의 화란어 자료는 화란 문헌을 위한 디지털 도서관(Digital bibliotheek voor de Nederlandse letteren; https://www.dbnl.org)을 이용하면 도움을 받을 수 있다. 보스의 저서 목록을 소개하면 다음과 같다:

Dennison, James T. Jr., "A Bibliography of the Writings of Geerhardus Vos (1862-1949)", WTJ 38/3 (1976), 350-367.

________, "A Bibliography of the Writings of Geerhardus Vos (1862-1949)", in R. B. Gaffin (ed.), *Redemptive History and Biblical Interpretation: The Shorter Writings of Geerhardus Vos,* New Jersey: P&R, 1980, 547-549.

________, "The Writings of Geerhardus Vos: A Bibliography," in J. T. Dennison Jr., *The Letters of Geerhardus Vos*, New Jersey: P&R, 2005, 87-112.

De Klerk, Peter, "Geerhardus Vos", in P. de Klerk, *A Bibliography of the Writings of the Professors of Calvin Theological Seminary*, Grand Rapids: Calvin Theological Seminary, 1980, 40.0-40.18.

약어

Ban.	The Banner
BiRev	The Biblical Review
BiSt	The Bible Student
BiThS	*Biblical and Theological Studies* by Members of the Faculty of Princeton Theological Seminary, New York: Charles Scribner's Sons, 1912
BM	The Bible Magazine
BTO	www.biblicaltheology.org
CRef.	*Calvin and the Reformation. Four Studies*, ed. by W. P. Amstrong (ed.), New York: Fleming H. Revell Co., 1909
DAC	*Dictionary of the Apostolic Church*, ed. by James Hastings, Vol. 1 Aaron – Lystra, Edinburgh: Clark, 1915; Vol. 2 Macedonia – Zion, Edinburgh: Clark, 1918
DB(H)	James Hastings (ed.), *A Dictionary of the Bible, Dealing with Its Language, Literature, and Contents, Including the Biblical Theology*, New York: Charles Scribner's Sons, 1899; repr. 1901, 1906, 1911, 1913 and 1943
DC/PTSL	Digital Collections in the Princeton Theological

	Seminary Library
DCG	James Hastings (ed.), *A Dictionary of Christ and the Gospels, With the Assistance of John A. Selbie and (in the Reading of the Proofs) of John C. Lambert*, Vol.1, New York: Charles Scribner's Sons, 1906; repr. 1907, 1908, 1912, 1920, 1923, 1927, 1933, 1943 and 1953
HHA	Heritage Hall Archive at Calvin Theological Seminary Library
HW	Heiden Wereld: Missionary Monthly
IArch.	www.archive.org
ISBE	*International Standard Bible Encyclopedia*, 5 Vols., ed. by James Orr, Chicago: Howard-Severance Company, 1925
Kerux	www.kerux.com
Neerl.	Neerlandia
Outl.	The Outlook
PR	The Presbyterian Review
Presb.	The Presbyterian
PRR	The Presbyterian and Reformed Review
PTR	The Princeton Theological Review
RefR(Ph)	Reformed Review (Philadelphia)
SD	*The Self-Disclosure of Jesus in the Gospels*

TH *The Teaching of the Epistles to the Hebrews*
tr translated …

보스 1차 문헌

저서

Biblical Theology: Old and New Testament, ed. by Johannes G. Vos, Grand Rapids: Eerdmans, 1948; Edinburgh: The Banner of Truth Trust, 1975 (repr. 1975, 1985, 1992, 1996, 2000) [=『성경신학』, 이승구 옮김, 서울: 기독교문서선교회, 1985;『성경신학』, 원광연 옮김, 고양: 크리스챤다이제스트, 2005].

Gereformeerde Dogmatiek, Vol. I-V, Grand Rapids, 1888-1893 (수기 강의원고).

Dogmatiek, Theologie, Deel I, Grand Rapids, 1896 (수기 강의원고, 위의 책에서 "개혁"[*Gereformeerde*]을 떼고, 출판한다. 이하 V권까지 같다).

Dogmatiek, Anthropologie, Deel II, Grand Rapids, 1896.

Dogmatiek, Christologie, Deel III, Grand Rapids, 1896.

Dogmatiek, Soteriologie, Deel IV, with *Dogmatiek, Ecclesiologie, Media gradiae, Eschatologie*, Deel V, Grand Rapids, 1896.

Dogmatiek, Vol. I-III, Grand Rapids, 1910 (타이프 형태의 강의원고).

The *Eschatology of the Old Testament*, ed. by James T. Dennison Jr., Phillipsburg: P&R, 2001[=『구약의 종말론』, 박규태 옮김, 서울: 좋은씨앗, 2016].

Grace and Glory: Sermons Preached in the Chapel of Princeton Theological Seminary, intr. by R. Scott Clark, Grand Rapids: Reformed Press, 1922 (repr. Edinburgh: The Banner of Truth Trust, 1994; Vestavia Hills: Solid Ground Christian Book, 2007) [=『은혜와 영광』, in『하나님 나라와 교회; 은혜와 영광』, 원광연 옮김, 게르할더스 보스 선집 1, 서울: 크리스찬다이제스트, 1997, 101-357].

The Idea of Biblical Theology as a Science and as a Theological Discipline, New York: Anson D. F. Randolph & Co., 1894; repr. *RHBI*, 3-24 [= De bijbelse theologie beschouwd als wetenschap en theologisch studievak, De Wachter 27 (Oct. 10, 2; Oct. 17, 2-3, Oct. 24, 2-3, Oct. 31, 2; Nov. 7, 2-3; Nov. 14, 2; Nov. 21, 2).

Die Kämpfe und Streitigkeiten zwischen den Banū ʿUmajja und den Banū Hāšim: Eine Abhandlung von Taḳijj ad-dĭn Al-Maḳrĭzijj. Der Arabische Text nach der Leidene, Wiener und Strassburger Handschrift Herausgegeben, Leiden: Brill, 1888.

The Mosaic Origin of the Pentateuchal Codes. With an introduction by Professor William Henry Green. New York: A. C. Armstrong & Son, 1886 (also London, Hodder and Stoughton).

Old and New Testament Biblical Theology. Philadelphia: Theological Seminary of the Reformed Episcopal Church, 1934 (repr. 1942).

The Pauline Eschatology, New Jersey: Princeton University Press, 1930 (repr. Grand Rapids: Eerdmans, 1953. 여기에 1920, PTR 18에 실렸던 "The Eschatology of the Psalter"가 부록으로 추가되었다; Grand Rapids: Baker Book House, 1979; Phillipsburg: P&R, 1994) [=『바울의 종말론』, 이승구/오광만 옮김, 서울: 엠마오, 1989; 『바울의 종말론』, 원광연 옮김, 서울: 좋은씨앗, 2015].

Redemptive History and Biblical Interpretation: The Shorter Writings of Geerhardus Vos, ed. by Richard B. Gaffin Jr., Phillipsburg: P&R, 1980 [=『구속사와 성경해석』, 이길호/원광연 옮김, 서울: 크리스챤다이제스트, 1998].

Reformed Dogmatics, Vol. 1: Theology Proper, tr. by R. B. Gaffin Jr., K. Batteau (Associated Editor), A. Godbehere, R. van Ijken, Bellingham: Lexham Press, 2012-2014.

Reformed Dogmatics, Vol. 2: Anthropology, tr. by R. B. Gaffin Jr., J. R. de Witt (Associated Editor), D. van der Kraan, H. Boonstra, Bellingham: Lexham Press, 2012-2014.

Reformed Dogmatics, Vol. 3: Christology, tr. by R. B. Gaffin Jr., J. Pater, A. Janssen, H. Boonstra, R. van Ijken, Bellingham: Lexham Press, 2014.

Reformed Dogmatics, Vol. 4: Soteriology. The Application of the Merits of the Mediator by the Holy Spirit, tr. by R. B. Gaffin Jr., K. Batteau, H. Boonstra, A. Godbehere and A. Janssen, Bellingham: Lexham Press, 2015.

Reformed Dogmatics, Vol. 5: Ecclesiology, The Means of Grace, Eschatology, tr. by R. B. Gaffin Jr., K. Batteau and A. Janssen, Bellingham: Lexham Press, 2016.

The Self-Disclosure of Jesus, The Modern Debate about the Messianic Consciousness, New York: George H. Doran Co. (Rewritten and corrected by Johannes G. Vos and republished in Grand Rapids: Eerdmans, 1954. Another edition Nutley: P&R, 1976; repr. Phillipsburg: P&R, 2002).

The Teaching of the Epistle to the Hebrews, ed. and rewritten by Johannes G. Vos, Grand Rapids: Eerdmans, 1952 (repr. 1956; P&R, 1974, 1977)

The Teaching of the Epistle to the Hebrews, Philadelphia: Theological Seminary of the Reformed Episcopal Church, 1944.

The Teaching of Jesus Concerning the Kingdom and the Church, New York: American Tract Society, 1903 (repr. Grand Rapids: Eerdmans, 1951, 1958; New Jersey: P&R, 1972) [=『하나님의 나라』, 정정숙 옮김, 서울: 한국개혁주의신행협회, 1971;『하나님 나라와 교회』, in『하나님 나라와 교회; 은혜와 영광』, 원광연 옮김, 게르할더스 보스 선집 1, 서울: 크리스찬다이제스트, 1997, 1-99;『하나님의 나라, 제대로 알고 믿는가?』, 정정숙/신성수 옮김, 서울: 개혁주의신행협회, 2007, 1-132].

논문

"Alleged Development in Paul's Teaching on the Resurrection", PTR 27 (1929), 193-226.

"The Alleged Legalism in Paul's Doctrine of Justification", PTR 1 (1903), 161-179.

"The Biblical Basis for Missions" by transcribed by Davies, Howard Howell, Kerux 24/1 (2009), 5-11.

"The Biblical Importance of the Doctrine of Preterition", The Presbyterian 70 (September 5, 1900), 9, 10; repr. RHBI, 412-414; Outl. 28 (Jan. 1978), 10-12

"The Continuity of the Kyrios Title in the New Testament", PTR 13 (1915), 161-189.

"Christian Faith and the Truthfulness of Bible History", PTR 4 (1906), 289-305.

"The Eschatological Aspect of the Pauline Conception of the Spirit", in *Biblical and Theological Studies* by Members of the Faculty of Princeton Theological Seminary, New York: Charles Scribner's Sons, 1912, 211-259; repr. *RHBI*, 91-125.

"Eschatology of the Psalter", PTR 18 (1920), 1-43 (repr. in an Appendix of G. Vos, *The Pauline Eschatology*, Grand Rapids: Eerdmans, 1952, 323-365).

"Hebrews, the Epistle of the Diatheke", PTR 13 (1915), 587-632.

"Hebrews, the Epistle of the Diatheke (concluded)", PTR 14 (1916), 1-61.

"The Idea of Biblical Theology as A Science and as A Theological Discipline", Kerux 24/1 (2009), 12-16.

"Jeremiah's Plaint and Its Answer", PTR 26 (1928), 481-495.

"The Kingdom of God", BiSt 1 (1900), 282-289. 328-335.

"Kyrios Christos Controversy", PTR 15 (1917), 21-89.

"The Messiahship, Formal or Essential to the Mind of Jesus?", BiRev 5 (1920), 196-208.

"The Ministry of John the Baptist", BiSt 1 (1900), 26-32 (repr. *RHBI*, 299-303).

"Modern Dislike of the Messianic Consciousness of Jesus", BiRev 1 (1916), 170-185.

"The Modern Hypothesis and Recent Criticism of the Early Prophets", PRR 9 (1898), 214-238 (Amos and Hosea), 411-437 (Isaiah), 610-636 (Isaiah).

"The Modern Hypothesis and Recent Criticism of the Early Prophets", PRR 10 (1899), 70-97 (Isaiah), 285-317 (Micah).

"The Name 'Lord' As Used of Jesus in the Gospels", BiRev 7 (1922), 515-536.

"The Nature and Aims of Biblical Theology", Kerux 14/1 (1999), 3-8.

"The Nature and Aims of Biblical Theology", UTSM 13/3 (1902), 194-199 (repr. Kerux 14/1 [1999], 3-8).

"Our Lord's Doctrine of the Resurrection", BiSt 3 (1901), 189-197.

"The Pauline Conception of Reconciliation", BiSt 4 (1901), 40-45.

"The Pauline Conception of Redemption", BiSt 5 (1902), 51-58.

"The Pauline Doctrine of the Resurrection", PTR 27 (1929), 1-35.

"The Pauline Eschatology and Chiliasm", PTR 9 (1911), 26-60.

"The Priesthood of Christ in the Epistle to the Hebrews", PTR 5 (1907), 423-447.579-604.

"The Range of the Logos-Title in the Prologue to the Fourth Gospel", PTR 11 (1913), 365-419.557-602.

"The Sacrificial Idea in Paul's Doctrine of the Atonement", BiSt 6 (1902), 97-103, 151-158.

"The Scriptural Doctrine of the Love of God", PRR 13 (1902), 1-37.

"The Second Coming of Our Lord and the Millennium", The

Presbyterian 86 (1916), 6.7.27.28.
"Some Doctrinal Features of the Early Prophecies of Isaiah", PRR 8 (1897), 444-463.
"The Structure of the Pauline Eschatology", PTR 27 (1929), 403-444.
"The Theology of Paul", BiSt 7 (1903), 332-340.
"'True' and 'Truth' in the Johannine Writings", BiRev 12 (1927), 507-520.
"The Ubiquity of the Messiahship in the Gospels", BiRev 1 (1916), 490-506.
"De Uitsichten der Amerika Theologie" [CRC 신학교 교수취임연설, 원본은 Heritage Hall Archive of Calvin Theological Seminary에서 찾을 수 있다; "The Prospects of American Theology", tr. by Van der Maas, intr. by J. T. Dennison Jr. Kerux, 20/1 (2005) 14-52].

서평

A. 원저자 순[1]

Aalders, Gerhard Charles, *Sporen van animisme in het Oude Testament?*, Kampen: Kok, 1914 | PTR 13 (1915), 288-289.

Adams, John, *Israel's Ideal, or Studies in Old Testament Theology*, Edinburgh: T & T Clark, 1909 | PTR 9 (1911), 482-483.

Baljon, Johannes Marius Simon, *Grieksch-theologisch woordenboek, hoofdzakelijk van de oud-Christelijke letterkunde*, Utrecht: Kemink & Zoon, 1895-1899 | AJT 5 (1901), 564-567.

Baudissin, Wolf Wilhelm Grafen, *Zur Geschichte der alttes-*

---

1 보스는 30년 동안 자기 당대의 102명의 신학자들의 신학저서 119권을 102회에 걸쳐 소개했다. 이 저작들이 어떤 것들이었는가 궁금해 하는 독자들과 이 저작들을 자신의 연구에 활용하고자 하는 독자들을 위해 두 가지 방식으로 제시한다. 먼저 A에서는 원저자순으로, B에서는 원제목 순이다. 원저자순에 저자의 이름, 출판지, 출판사, 출판년도, 재출판 정보를 두었다. "|" 다음에 나오는 약어는 보스가 이 저작에 대한 서평을 어느 학술지에 게재했는지에 관한 정보이다. 예를 들어, "König, Eduard, *Das antisemitische Hauptdogma*, Bonn: Marcus & Weber, 1914 | PTR 13 (1915), 683-684"는 에듀아드 쾨닉의 "*Das antisemitische Hauptdogma*"(구약의 주된 교리)라는 책을 소개한 것으로, 보스는 이 책을 1915년 PTR(Princeton Theological Review; 프린스턴 신학평론지) 13호 683-684에 실었다.

tamentlichen Religion in ihrer universalen Bedeutung, Berlin: Stilke, 1914 | PTR 13 (1915), 681-683.

Bavinck, Herman, *Gereformeerde Dogmatiek*, Volume I, Kampen: J. H. Bos, 1895 | PRR 7 (1896), 356-363; De Wachter 29 (2. Sep. 1896), 2; (9. Sep. 1896), 2; (16 Sep. 1896), 2. [이 책은 2판 이후 내용과 구성이 동일하다; 2판이 출판된 연도는 1-2권은 1928, 3권은 1929, 4권은 1930년이다].

_______, *Gereformeerde Dogmatiek*, Volume II, Kampen: J. H. Bos, 1897 | PRR 10 (1899), 694-700.

Behm, Johannes, *Der Begriff Diathēkē im Neuen Testament*, Leipzig: Deichert, 1912 | PTR 11 (1913), 513-518.

_______, *Die Handauflegung im Urchristentum nach Verwendung, Herkunft und Bedeutung in religionsgeschlichtlichem Zusammenhang untersucht*, Leipzig: Deichert, 1911 | PTR 10 (1912), 330-334.

Bennett, W. H., *The Religion of the Post-Exilic Prophets*, Edinburgh: T & T Clark, 1907 | PTR 7 (1909), 123-126.

Bestmann, Hugo Johannes, *Entwicklungsgeschichte des Reiches Gottes unter dem Alten und Neuen Bunde : an der Hand einer Analyse der Quellen. Band 1, Das Alte Testament*, Berlin: Wiegandt und Grieben, 1896 | PRR 12 (1901), 480-481.

Blake, Buchanan, *Joseph and Moses: The Founders of Israel; Being Their Lives as Read in the Light of the Oldest Prophetic Writings of the Bible*, Edinburgh: T & T Clark, 1902 | PTR 1 (1903), 470-472.

Boehmer, Julius, *Der alttestamentliche Unterbau des Reiches Gottes*, Leipzig: Hinrichs, 1902 | PTR 1 (1903), 126-131.

_______, *Gottes Angesicht*, Gütersloh: Bertelsmann, 1908 | PTR 8 (1910), 297-298.

Bohn, Friedrich, *Der Sabbat im Alten Testament und im altjüdischen religiösen Aberglauben*, Gütersloh: Bertelsmann, 1903 | PTR 4 (1906), 406.

Bousset, Wilhelm, *Die Religion des Judentums im neutestamentlichen Zeitalter*, Berlin: Reuther & Reichard 1903 | PTR 2 (1904), 159-166.

_______, *Jesu Predigt in ihrem Gegensatz zum Judenthum*, Göttingen: Vandenhoeck & Ruprecht, 1892, | PRR 5 (1894), 144-147.

_______, *Kyrios Christos: Geschichte des Christusglaubens von den Anfängen des Christentums bis Irenäus*, Göttingen: Vandenhoeck & Ruprecht, 1913 | PTR 12 (1914), 636-645.

Briggs, Charles Augustus, *The Messiah of the Gospels and*

The Messiah of the Apostles, New York: Charles Scribner's Sons, 1894 | PRR 7 (1896), 718-724.

Bruce, Alexander B., *St. Paul's Conception of Christianity*, Edinburgh: T & T Clark, 1894 | PRR 6 (1895), 761-766.

Brückner, Martin, *Die Entstehung der paulinischen Christologie*, Strassburg: Heitz, 1903 | PTR 3 (1905), 144-147.

Büchsel, Friedrich, *Der Begriff der Wahrheit in dem Evangelium und den Briefen des Johannes*, BFChTh 15/3, Gütersloh: Bertelsmann, 1911 | PTR 11 (1913), 668-672.

Carré, Henry Beach, *Paul's Doctrine of Redemption*, New York: Macmillan, 1914 | PTR 14 (1916), 138-139.

Caspari, Wilhelm, *Echtheit, Hauptbegriff und Gedankengang der messianischen Weissagung Is. 9, 1-6*, BFChTh 12/4, Gütersloh: Bertelsmann, 1908 | PTR 8 (1910), 296-297.

Charles, Robert Henry, *A Critical History of the Doctrine of a Future Life in Israel, in Judaism, and in Christianity: Or, Hebrew, Jewish, and Christian Eschatology from Pre-Prophetic Times till the Close of the New Testament Canon. Being the Jowett Lectures for 1898-1899*, London: A & C Black, [2]1913 | PTR 12 (1914), 297-305.

_______, Immortality. *The Drew Lecture Delivered October 11, 1912*, Oxford: Clarendon Press, 1912 | PTR 12 (1914), 305.

Clemen, Carl, *Der geschichtliche Jesus: eine allgemeinverständliche Untersuchung der Frage: hat Jesus gelebt, und was wollte er?*, Gießen: Töpelmann, 1911 | PTR 10 (1912), 489-490.

_______, *Primitive Christianity and Its Non-Jewish Sources*, Edinburgh: T & T Clark, 1912 | PTR 12 (1914), 305-310.

Couard, Ludwig, *Die religiösen und sittlichen Anschauungen der alttestamentlichen Apokryphon und Pseudepigraphen*, Gütersloh: Bertelsmann, 1907 | PTR 7 (1909), 667-669.

Cremer, E., *Die Gleichnisse Lukas 15 und das Kreuz*, BFChTh 8/4, Gütersloh: Bertelsmann, 1904 | PTR 5 (1907), 115-116.

Dalmer, Johannes, *Die Erwählung Israels nach der Heilsverkündigung des Apostels Paulus*, Gütersloh: Bertelsmann, 1894 | PRR 11 (1900), 168-171; RHBI, 494-498.

Davidson, Andrew Bruce, *The Theology of the Old Testament*, New York: Charles Scribner's Sons, 1904 | PTR

4 (1906), 115-120.

De Zwaan, Johannes, *Het Evangelie van Lucas*, Groningen: Wolters, 1917 | PTR 17 (1919), 142-143.

Deissner, Kurt, *Auferstehungshoffnung und Pneumagedanke bei Paulus*, Leipzig: Deichert, 1912 | PTR 11 (1913), 664-668.

Denney, James, *Jesus and the Gospel: Christianity justified in the mind of Christ*, New York: Armstrong & Son, 1909 | PTR 8 (1910), 301-309.

Drummond, Robert J., *The Relation of the Apostolic Teaching to the Teaching of Christ: Being the Kerr Lectures for 1900*, Edinburgh: T & T Clark, 1900 | PRR 13 (1902), 473-478.

Duker, Arnoldus Cornelius, *Gisbertus Voetius. Deel 1, Jeugd en academijaren, 1589-1611*, Leiden: Brill, 1893, | PRR 5 (1894), 714-715.

Emmet, Cyril W., *The Eschatological Question in the Gospels and Other Studies in Recent New Testament Criticism*, | PTR 9 (1911), 662-666.

Faber, Georg, *Buddhistische und neutestamentliche Erzählungen: das Problem ihrer gegenseitigen Beeinflussung*, Leipzig: Hinrichs, 1913 | PTR 13 (1915), 115-119.

Fairweather, William, *The Background of the Gospels or Ju-*

daism in the Period Between the Old and New Testaments, Edinburgh: T & T Clark, 1908 | PTR 8 (1910), 320-321.

Focke, Friedrich, *Die Entstehung der Weisheit Salomos: ein Beitrag zur Geschichte des jüdischen Hellenismus*, Göttingen: Vandenhoeck & Ruprecht, 1913 | PTR 13 (1915), 677-681.

Friedländer, M., *Geschichte der jüdischen Apologetik als Vorgeschichte des Christenthums*, Zürich: Caesar Schmidt, 1903 | PTR 2 (1904), 528-531.

Gardner, Percy, *The Religious Experience of Saint Paul*, Crown Theological Library 34, New York: Putnams Sons; London: Williams & Norgate, 1911 | PTR 11 (1913), 316-320.

Göttsberger, Joh., and Jos. Sickenberger (eds.), *Biblische Zeitschrift in Verbindung mit der Redaktion der Biblischen Studien* | PTR 4 (1906), 414-415.

_______ (eds.), *Biblische Zeitschrift* | PTR 3 (1905), 482.

_______ (eds.), *Biblische Zeitschrift, 1906* | PTR 5 (1907), 668.

_______ (eds.), *Biblische Zeitschrift, 1909* | PTR 9 (1911), 660-661.

Grau, Rudolf Friedrich, *Gottes Volk und sein Gesetz. Bruch-*

stücke einer biblischen Theologie Alten Testaments. Nebst einem Vortrag,Über das Buch Hiob' als Anhang, Gütersloh: Bertelsmann, 1894 | PRR 11 (1900), 529-531.

Gravemeijer, H. E., *Leesboek over de Gereformeerde geloofsleer*, Sneek: Wiarda, 1881-1889 | PRR 1 (1890), 146-149.

Green, William Henry, *Higher Criticism of the Pentateuch and Unity of the Book of the Genesis*, New York : Scribner, 1895 | Princeton College Bulletin 8/3 (1896), 77-79 [이 글은 2010년까지 발견되지 않았다가 Kerux 편집자들에 의해 발견되어 Kerux 25/2 (2010), 3-8에 실렸다. 현재는 www.kerux.com에서 확인할 수 있다].

Gunkel, Hermann, *Reden und Aufsätze*, Goettingen: Vandenhoeck & Ruprecht, 1913 | PTR 12 (1914), 633-636.

Hastings, James (ed.), *A Dictionary of Christ and the Gospels*, New York: Charles Scribner's Sons, 1906-1908 | PTR 6 (1908), 655-662.

Herford, Robert Travers, *Christianity in Talmud and Midrash*, London: Williams & Norgate, 1903 | PTR 4 (1906), 412-414.

Hertlein, Eduard, *Die Menschensohnfrage im letzen-Stadium: ein Versuch zur Einsicht in das Wesen altchristlichen*

Schrifttums, Berlin / Stuttgart / Leipzig: Kohlhammer, 1911 | PTR 10 (1912), 324-330 [repr. Stuttgart: Kohlhammer, 1915].

Hilgenfeld, Heinrich, (ed.), *Verzeichnis der von Adolf Hilgenfeld verfassten Schriften zusammengestellt. Von den Mitgliedern der neutestamentlichen Abtheilung der theologischen Seminars der Universität Jena, 1903*, Leipzig: Reisland, 1906 | PTR 5 (1907), 675-676.

Hoedemaker, Philippus Jacobus, *De Mozaische oorsprong van de wetten in de boeken Exodus, Leviticus en Numeri*, Leiden: D. A. Daamen, 1895 | PRR 8 (1897), 106-109.

Honig, A.G., *Alexander Comrie*, Utrecht: H. Honig, 1892 | PRR 5 (1894), 331-334 [= repr. Leiden : Groen en Zoon, 1991].

Kaftan, Julius, *Jesus und Paulus: eine freundschaftliche Streitschrift gegen die "Religionsgeschichtlichen Volksbücher" von D. Bousset und D. Wrede*, Tübingen: Mohr, 1906 | PTR 5 (1907), 496-502.

Kennedy, Harry Angus Alexander, *St. Paul's Conception of the Last Things*, New York: Armstrong & Son, 1904 | PTR 3 (1905), 483-487.

King, John Mark, *The Theology of Christ's Teaching*, Chicago: Fleming H. Revell Co., 1903 | PTR 1 (1903), 653-654.

Kirkpatrick, A. F., *The Doctrine of the Prophets*, London: Macmillan, 1892 | PRR 5 (1894), 138-139.

Knopf, Rudolf, and Arnold Meyer, *Theologischer Jahresbericht*, 1901 | PTR 1 (1903), 655.

Knowling, R. J., *The Testimony of St. Paul to Christ Viewed in Some of Its Aspects, Boyle Lectures 1903-1905*, New York: Charles Schribner's Sons, 1905 | PTR 5 (1907), 324-328.

Kögel, Julius, *Der Sohn und die Söhne: eine exegetische Studie zu Hebräer* 2,5-18, BFChTh 8,5/6, Gütersloh: Bertelsmann, 1904 | PTR 3 (1905), 487-489.

Kögel, Julius, *Die Gedankeneinheit des ersten Briefes Petri*, BFChTh 6,5/6, Gütersloh: Bertelsmann, 1902 | PTR 1 (1903), 472-476.

König, Eduard, *Ahasver der ewige Jude nach seiner ursprünglichen Idee und seiner literarischen Verwertung betrachtet*, Gütersloh: Bertelsmann, 1902 | PTR 8 (1910), 345-346.

König, Eduard, *Das antisemitische Hauptdogma*, Bonn: Marcus & Weber, 1914 | PTR 13 (1915), 683-684.

Kuenen, Abraham, *Historisch-critisch onderzoek naar het*

outstaan en de verzameling van de boeken des Ouden Verbonds, De profetische boeken des Ouden Verbonds, | PRR 2 (1891), 139-140.

Kuyper, Abraham, *De verflauwing der grenzen. Rede bij de overdracht van het rectoraat aan de Vrije Universiteit op 20 October, 1892*, Amsterdam: J. A. Wormser, 1892, | PRR 4 (1893), 330-332; De Wachter, 1893, January 11, 1; Janurary 18, 1.

Leeuwen, E. H. van, *Prolegomena van Bijbelsche Godgeleerdheid*, Utrecht: C. H. E. Breijer, 1890, | PRR 4 (1893), 143-145.

Leeuwen, J. A. C. van, *Het Evangelie van Mattheüs*, Groningen: Wolters, 1915 | PTR 14 (1916), 494-495 [보스는 루벤의 마태복음과 펠트하우전의 마가복음 주석을 함께 서평한다].

Lütgert, W. *Das Reich Gottes nach den synoptischen Evangelien*, Gütersloh: Bertelsmann, 1895 (179쪽) | PRR 11 (1900), 171-174 [repr. Gütersloh: Bertelsmann, 1928; 252쪽으로 늘어난다].

Lütgert, Wilhelm, *Die Anbetung Jesu*, BFChTh 8/4, Gütersloh: Bertelsmann, 1904 | PTR 5 (1907), 115.

MacNeill, Harris Lachlan, *The Christology of the Epistle to the Hebrews, Including Its Relation to the Developing*

Christology of the Primitive Church, Chicago: University of Chicago Press, 1914 | PTR 13 (1915), 490-491.

Marti, Karl, *The Religion of the Old Testament: Its Place among the Religions of the Nearer East*, Crown Theological Library 19, tr. by G. A. Bienemann, ed. by W. D. Morrison, New York: Putnam's Sons u. a., 1907 | PTR 8 (1910), 295-296.

Mathews, Shailer, *The Messianic Hope in the New Testament*, Chicago: University of Chicago Press, 1905 | PTR 4 (1906), 260-265.

Meinertz, Max, *Jesus und die Heidenmission*, NTA 1-2, Münster: Aschendorff, 1908 | PTR 7 (1909), 493-497.

Meinhold, J., *Die Jesajaerzählungen Jesaja 36-39. Eine historisch-kritische Untersuchung*, Göttingen: Vandenhoeck & Ruprecht, 1898 | PRR 12 (1901), 479-480.

Moffatt, James, *The Theology of the Gospels*, New York: Charles Scribner's Sons, 1913 | PTR 13 (1915), 111-114.

Muirhead, Lewis A., *The Eschatology of Jesus or The Kingdom Come and Coming. A Brief Study of Our Lord's Apocalyptic Language in the Synoptic Gospels*, New York: Armstrong & Son, 1904 | PTR 4 (1906), 124-127.

Oesterley, William Oscar Emil / George Herbert Box, *The Religion and Worship of the Synagogue*, New York: Charles Scribner's Sons, 1907 | PTR 7 (1909), 498-500.

Oesterley, William Oscar Emil, *The Books of the Apocrypha: Their Origin, Teaching and Contents*, New York: Fleming H. Revell, 1914 | PTR 14 (1916), 135-138.

Piepenbring, Ch., *Theology of the Old Testament, trans. from the French, by Permission of the Author, with added References for English Readers by H. G. Michell*, New York: Thomas Y. Crowell, 1893 | PRR 6 (1895), 149-152.

Prat, F., *La Theologie de Saint Paul*, Vol 2. Paris: Beauchesne & Cie, 1912 | PTR 11 (1913), 126-129 [첫 번째 책은 서평하지 않았다. 다만 두 번째 책에 첫 번째 책에 대한 역사적이고 서론적인 언급이 있는데, 보스는 이것으로 첫 번째 책에 대한 평가를 대신한다].

Ridderbos, Jan, *Israel en de Baäls afval of ontwikkeling. Rede gehouden bij de overdracht van het Rectoraat der Theologsche School van de Gereformeerde Kerken in Nederland, den 7en December 1915*, Nijverdal: E. J. Bosch Jbzn, 1915 | PTR 14 (1916), 495-498.

Riggenbach, Eduard, *Der trinitarische Taufbefehl Matth.*

28,19 nach seiner ursprünglichen Textgestalt und seiner Authentie untersucht, BFChTh 8/4, Gütersloh: Bertelsmann, 1903 | PTR 5 (1907), 116.

_______, *Die Prophetie in der Zeit vor Amos*, BFChTh 9/1, Gütersloh: Bertelsmann, 1905 | PTR 5 (1907), 117-118.

_______, *Unbeachtet gebliebene Fragmente des Pelagius-Kommentars zu den Paulinischen Briefen*, BFChTh 9/1, Gütersloh: Bertelsmann, 1905 | PTR 5 (1907), 116-117.

Robinson, Henry Wheeler, *The Religious Ideas of the Old Testament*, New York: Charles Scribner's Sons, 1913 | PTR 13 (1915), 109-111 [repr. London: Duckworth, 1956; 총 9판이 나왔다!] .

Ropes, James H., *The Apostolic Age in Light of Modern Criticism*, New York: Charles Scribner's Sons, 1906 | PTR 6 (1908), 310-314.

Rostron, Sydney Nowell, *The Christology of St. Paul; Hulsean Prize Essay, With An Additional Chapter*, London: Robert Scott, 1912 | PTR 12 (1914), 645-647.

Schäder, Erich, *Die Bedeutung des lebendigen Christus für die Rechtfertigung nach Paulus*, Gütersloh: Bertelsmann, 1893 | PRR 11 (1900), 355-358; RHBI, 499-

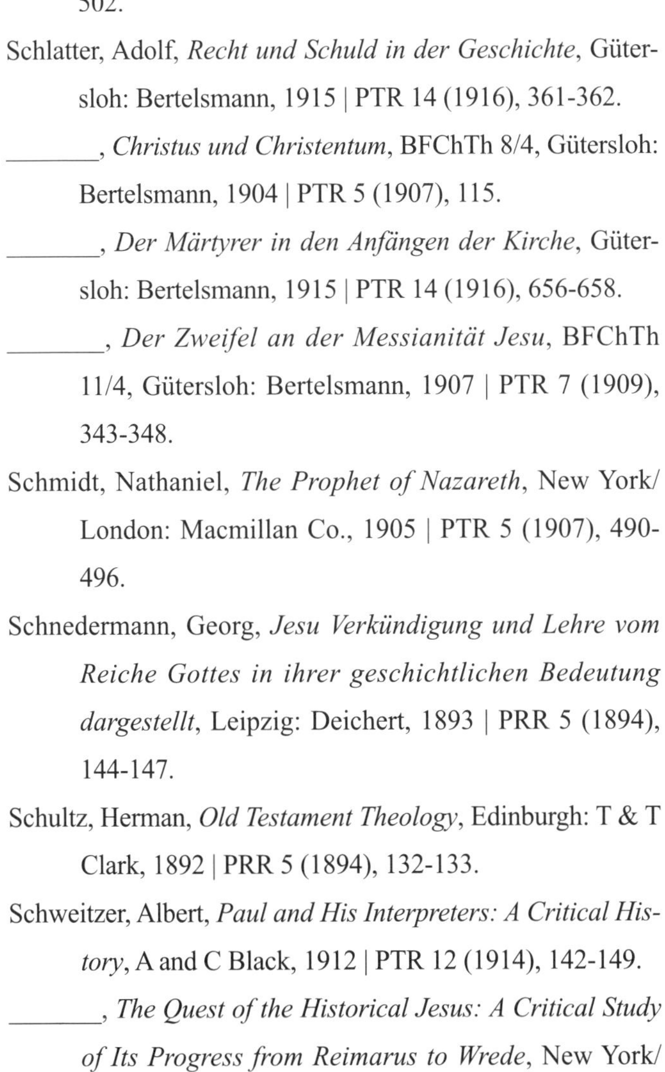

502.

Schlatter, Adolf, *Recht und Schuld in der Geschichte*, Gütersloh: Bertelsmann, 1915 | PTR 14 (1916), 361-362.

_______, *Christus und Christentum*, BFChTh 8/4, Gütersloh: Bertelsmann, 1904 | PTR 5 (1907), 115.

_______, *Der Märtyrer in den Anfängen der Kirche*, Gütersloh: Bertelsmann, 1915 | PTR 14 (1916), 656-658.

_______, *Der Zweifel an der Messianität Jesu*, BFChTh 11/4, Gütersloh: Bertelsmann, 1907 | PTR 7 (1909), 343-348.

Schmidt, Nathaniel, *The Prophet of Nazareth*, New York/London: Macmillan Co., 1905 | PTR 5 (1907), 490-496.

Schnedermann, Georg, *Jesu Verkündigung und Lehre vom Reiche Gottes in ihrer geschichtlichen Bedeutung dargestellt*, Leipzig: Deichert, 1893 | PRR 5 (1894), 144-147.

Schultz, Herman, *Old Testament Theology*, Edinburgh: T & T Clark, 1892 | PRR 5 (1894), 132-133.

Schweitzer, Albert, *Paul and His Interpreters: A Critical History*, A and C Black, 1912 | PTR 12 (1914), 142-149.

_______, *The Quest of the Historical Jesus: A Critical Study of Its Progress from Reimarus to Wrede*, New York/

London: A. & C. Black, 1910 | PTR 9 (1911), 132-141.

Scott, Ernest J., *The Fourth Gospel: Its Purpose and Theology*, New York: T & T Clark, 1906 | PTR 6 (1908), 314-320.

Sheldon, Henry C., *New Testament Theology*, New York: Macmillan, 1911 | PTR 9 (1911), 666-667.

Six, Karl, *Das Aposteldekret (Acts 15,28.29), seine Entstehung und Geltung in den ersten vier Jahrhunderten* (Preisschrift), Insbruck: Druck und Verlag von Felizian Raach (L. Pustet); Regensburg: Friedrich Pustet, 1912 | PTR 10 (1912), 669-672.

Sokolowski, Emil, *Die Begriffe Geist und Leben bei Paulus in ihren Beziehungen zu einander: eine exegetisch-religionsgeschichtliche Untersuchung*, Göttingen: Vandenhoeck & Ruprecht, 1903 | PTR 3 (1905), 317-321.

Stevens, George B., *The Theology of the New Testament*, New York: Charles Scribner's Sons, 1899 | PRR 11 (1900), 701-706; RHBI, 503-508 [repr. Edinburgh: T &T Clark, 1922; 1956].

Swart, Jelte, *De Theologie van Kronieken*, Groningen: Gebroeders Hoitsema, 1911 | PTR 10 (1912), 480-481.

Swete, Henry B., *The Holy Spirit in the New Testament. A*

Study of Primitive Christian Teaching, London: Macmillan, 1909 | PTR 8 (1910), 670-672.

Ubbink, Johan Theodoor, *Het eeuwige leven bij Paulus*, Groningen: Wolters, 1917 | PTR 17 (1919), 143-151.

Veldhuizen, A. van, H*et Evangelie van Markus*, Groningen: Wolters, 1914 | PTR 14 (1916), 494-495 [보스는 펠트하우전의 마가복음과 루벤의 마태복음 주석을 함께 서평한다].

_______. van, *Paulus en zijn brief aan de Romeinen*, Groningen: Wolters, 1916 | PTR 15 (1917), 180-181.

Vos, Geerhardus, *The Teaching of Jesus Concerning the Kingdom of God and the Church*, New York: American Tract Society, 1903 | PTR 2 (1904), 335-336.

Weber, Emil, *Die Beziehungen von Röm. 1-3 zur Missionspraxis des Paulus*, BFChTh 9/4, Gütersloh: Bertelsmann, 1905 | PTR 5 (1907), 118-119.

Weiss, Johannes, *Die Offenbarung des Johannes: ein Beitrag zur Literatur- und Religionsgeschichte*, FRLNT 3, Göttingen: Vandenhoeck & Ruprecht, 1904 | PTR 3 (1905), 321-325.

_______, *Die Predigt Jesu vom Reiche Gottes*, Göttingen: Vandenhoeck & Ruprecht, 1892 | PRR 5 (1894), 144-147.

Wernle, Paul, *Die Reichsgotteshoffnung in den ältesten christlichen Dokumenten und bei Jesus*, Tübingen: Mohr, 1903 | PTR 1 (1903), 298-303.

Wildeboer, G., *De letterkunde des Ouden Verbonds naar de tijdsorde van haar ontstaan*, Groningen: Wolters, 1893 | PRR 5 (1894), 696-699.

Willibald, Beyschlag, *New Testament Theology, or, Historical Account of the Teaching of Jesus and of Primitive Christianity According to the New Testament Sources*, trans. by Neil Buchanan, Edinburgh: T & T Clark, 1895 | PRR 6 (1895), 756-761.

Winstanley, Edward W., *Spirit in the New Testament: An Enquiry into the Use of the Word Pneuma in All Passages, and a Survey of the Evidence Concerning the Holy Spirit*, Cambridge: University Press, 1908 | PTR 8 (1910), 317-320.

Wood, Irving Francis, *The Spirit of God in Biblical Literature: A Study in the History of Religion*, New York: Armstron & Son, 1904 | PTR 3 (1905), 680-685.

B. 원제목 순

Ahasver der ewige Jude. . . . (Eduard König), PTR 8 (1910), 345-346.

Alexander Comrie (A. G. Honig), PRR 5 (1894), 331-334.

Der alttestamentliche Unterbau des Reiches Gottes (Julius Boehmer), PTR 1 (1903), 126-131.

Die Anbetung Jesu (Wilhelm Lütgert), PTR 5 (1907), 115.

Das antisemitische Hauptdogma (Eduard König), PTR 13 (1915), 683-684.

Das Aposteldekret (Acts 15,28.29), Seine Entstehung und Geltung in den ersten vier Jahrhunderten (Preisschrift) (K. Six), PTR 10 (1912), 669-672.

The Apostolic Age in Light of Modern Criticism (James H. Ropes), PTR 6 (1908), 310-314.

Auferstehungshoffnung und Pneumagedanke bei Paulus (Kurt Deissner), PTR 11 (1913), 664-668.

The Background of the Gospels or Judaism in the Period Between the Old and New Testaments (William Fairweather), PTR 8 (1910), 320-321.

Die Bedeutung des lebendigen Christus für die Rechtfertigung nach Paulus (E. Schäder), PRR 11 (1900), 355-358; repr. RHBI, 499-502.

Der Begriff der Wahrheit in dem Evangelium und den Briefen des Johannes (F. Büchsel), PTR 11 (1913), 668-672.

Der Begriff Diathēkē im Neuen Testament (Johannes Behm), PTR 11 (1913), 513-518.

Die Begriffe Geist und Leben bei Paulus in ihren Beziehungen zu einander (Emil Sokolowski), PTR 3 (1905), 317-321.

Die Beziehungen von Röm. 1-3 zur Missionspraxis des Paulus (Emil Weber), PTR 5 (1907), 118-119

Biblische Zeitschrift in Verbindung mit der Redaktion der Biblischen Studien (Joh. Göttsberger and Jos. Eickenberger), PTR 3 (1905), 482.

Biblische Zeitschrift (Joh. Göttsberger and Jos. Sickenberger), PTR 4 (1906), 414-415.

Biblische Zeitschrift, 1906, PTR 5 (1907), 668.

Biblische Zeitschrift, 1909, PTR 9 (1911), 660-661.

The Books of the Apocrypha (W. O. E. Oesterley), PTR 14 (1916), 135-138.

Buddhistische und neutestamentliche Erzählungen (Georg Faber), PTR 13 (1915), 115-119.

Christianity in Talmud and Midrash (R. Travers Herford), PTR 4 (1906), 412-414.

The Christology of St. Paul (G. Nowell Rostron), PTR 12

(1914), 645-647.

The Christology of the Epistle to the Hebrews, Including Its Relation to the Developing Christology of the Primitive Church (Harris L. MacNeill), PTR 13 (1915), 490-491.

Christus und Christentum (Adolf Schlatter), PTR 5 (1907), 115.

A Critical History of the Doctrine of the Future Life in Israel, in Judaism, and in Christianity (R. H. Charles), PTR 12 (1914), 297-305.

A Dictionary of Christ and the Gospels (ed. by James Hastings), PTR 6 (1908), 655-662.

The Doctrine of the Prophets (A. F. Kirkpatrick), PRR 5 (1894), 138-139.

Die Entstehung der paulinischen Christologie (Martin Brückner), PTR 3 (1905), 144-147.

Die Entstehung der Weisheit Salomos (Friedrich Focke), PTR 13 (1915), 677-681.

Die Erwählung Israels nach der Heilsverkündigung des Apostels Paulus (Johannes Dalmer), PRR 11 (1900), 168-171; Repr. RHBI, 494-498.

Die Gedankeneinheit des ersten Briefes Petri (Julius Kögel), PTR 1 (1903), 472-476.

Der geschichtliche Jesus (Carl Clemen), PTR 10 (1912), 489-490.

Zur Geschichte der alttestamentlichen Religion in ihrer universalen Bedeutung (W.W.G. Baudissin), PTR 13 (1915), 681-683.

Die Handauflegung im Urchristentum nach Verwendung, Herkunft und Bedeutung in religionsgeschlichtlichem Zusammenhang untersucht (Johannes Behm), PTR 10 (1912), 330-334.

Die Jesajaerzählungen Jesaja 36-39 (J. Meinhold), PRR 12 (1901), 479-480.

Echtheit, Hauptbegriff und Gedankengang der messianischen Weissagung Is. 9, 1-6 (Wilhelm Caspari), PTR 8 (1910), 296-297.

Die Entstehung der paulinischen Christologie (Martin Brückner), PTR 3 (1905), 144-147.

Die Entstehung der Weisheit Salomos: ein Beitrag zur Geschichte des jüdischen Hellenismus (Friedrich Focke), PTR 13 (1915), 677-681.

Entwicklungsgeschichte des Reiches Gottes (H.J. Bestmann), PRR 12 (1901), 480-481.

Die Erwählung Israels nach der Heilsverkündigung des Apostels Paulus (Johannes Dalmer), PRR 11 (1900),

168-171.

The Eschatological Question in the Gospels and Other Studies in Recent New Testament Criticism (Cyril W. Emmet), PTR 9 (1911), 662-666.

The Eschatology of Jesus or The Kingdom Come and Coming (Lewis A. Muirhead), PTR 4 (1906), 124-127.

Het eeuwige leven bij Paulus (Johan T. Ubbink), PTR 17 (1919), 143-151.

Het Evangelie van Lucas (J. de Zwaan), PTR 17 (1919), 142-143.

Het Evangelie van Markus (A. van Veldhuizen); *Het Evangelie van Mattheus* (J. A. C. van Leeuwen), PTR 14 (1916), 494-495.

The Fourth Gospel: Its Purpose and Theology (Ernest J. Scott), PTR 6 (1908), 314-320.

Die Gedankeneinheit des ersten Briefes Petri (Julius Kögel), PTR 1 (1903), 472-476.

Gereformeerde Dogmatiek, Volume I (Herman Bavinck), PRR 7 (1896), 356-363; De Wachter 29 (2. Sep. 1896), 2; (9. Sep. 1896), 2; (16 Sep. 1896), 2.

Gereformeerde Dogmatiek, Volume II (Herman Bavinck), PRR 10 (1899), 694-700.

Geschichte der jüdischen Apologetik als Vorgeschichte des

Christenthums by M. Friedländer

Geschichte der jüdischen Apologetik als Vorgeschichte des Christenthums (M. Friedländer), PTR 2 (1904), 528-531.

Der geschichtliche Jesus (Carl Clemen), PTR 10 (1912), 489-490.

Gisbertus Voetius. Deel 1, Jeugd en academijaren, 1589-1611 (A. C. Duker), PRR 5 (1894), 714-715.

Die Gleichnisse Lukas 15 und das Kreuz (E. Cremer), PTR 5 (1907), 115-116.

Gottes Angesicht (Julius Boehmer), PTR 8 (1910), 297-298.

Gottes Volk und sein Gesetz (R.F. Grau), PRR 11 (1900), 529-531.

Grieksch-theologisch woordenboek, hoofdzakelijk van de oud-Christelijke letterkunde (J.M.S. Baljon), AJT 5 (1901), 564-567.

Die Handauflegung im Urchristentum nach Verwendung, Herkunft und Bedeutung in religionsgeschlichtlichem Zusammenhang untersucht (Johannes Behm), PTR 10 (1912), 330-334.

Higher Criticism of the Pentateuch and Unity of the Book of the Genesis (William H. Green), Princeton College Bulletin 8/3 (1896), 77-79.

Historisch-critisch onderzoek naar het outstaan en de verzameling van de boeken des Ouden Verbonds, De profetische boeken des Ouden Verbonds (A. Kuenen), PRR 2 (1891), 139-140.

The Holy Spirit in the New Testament, A Study of Primitive Christian Teaching (Henry B. Swete), PTR 8 (1910), 670-672.

Immortality. The Drew Lecture Delivered October 11, 1912 (R. H. Charles), PTR 12 (1914), 305.

Israel en de Baäls afval of ontwikkeling (J. Ridderbos), PTR 14 (1916), 495-498.

Israel's Ideal or Studies in Old Testament Theology (John Adams), PTR 9 (1911), 482-483.

Die Jesajaerzählungen Jesaja 36-39 (J. Meinhold), PRR 12 (1901), 479-480.

Jesu Predigt in ihrem Gegensatz zum Judenthum (Wilhelm Bousset), PRR 5 (1894), 144-147.

Jesu Verkündigung und Lehre vom Reiche Gottes (G. Schnedermann), PRR 5 (1894), 144-147.

Jesus and the Gospel (James Denney), PTR 8 (1910), 301-309.

Jesus und die Heidenmission (Max Meinertz), PTR 7 (1909), 493-497.

Jesus und Paulus (Julius Kaftan), PTR 5 (1907), 496-502.

Joseph and Moses (Buchanan Blake), PTR 1 (1903), 470-472.

Kyrios Christos (Wilhelm Bousset), PTR 12 (1914), 636-645.

Leesboek over de Gereformeerde geloofsleer (H. E. Gravemeijer), PRR 1 (1890), 146-149.

De letterkunde des Ouden Verbonds naar de tijdsorde van haar ontstaan (G. Wildeboer), PRR 5 (1894), 696-699.

Der Märtyrer in den Anfängen der Kirche (A. Schlatter), PTR 14 (1916), 656-658.

Die Menschensohnfrage im letzen-Stadium (Eduard Hertlein), PTR 10 (1912), 324-330.

The Messiah of the Gospels and The Messiah of the Apostles (Charles Augustus Briggs), PRR 7 (1896), 718-724.

The Messianic Hope in the New Testament (Shailer Mathews), PTR 4 (1906), 260-265.

De Mozaische oorsprong van de wetten in de boeken Exodus, Leviticus en Numeri (Ph. J. Hoedemaker), PRR 8 (1897), 106-109.

New Testament Theology (Henry C. Sheldon), PTR 9 (1911), 666-667.

New Testament Theology (Willibald Beyschlag), PRR 6

(1895), 756-761.

Die Offenbarung des Johannes (Johannes Weiss), PTR 3 (1905), 321-325.

Old Testament Theology (Herman Schultz), PRR 5 (1894), 132-133.

Paul and His Interpreters (Albert Schweitzer), PTR 12 (1914), 142-149.

Paul's Doctrine of Redemption (Henry B. Carré), PTR 14 (1916), 138-139.

Paulus en zijn brief aan de Romeinen (A. van Veldhuizen), PTR 15 (1917), 180-181.

Die Predigt Jesu vom Reiche Gottes, (J. Weiss), PRR 5 (1894), 144-147.

Primitive Christianity and Its Non-Jewish Sources (Carl Clemen), PTR 12 (1914), 305-310.

Prolegomena van Bijbelsche Godgeleerdheid (E. H. van Leeuwen), PRR 4 (1893), 143-145.

The Prophet of Nazareth (Nathaniel Schmidt), PTR 5 (1907), 490-496.

Die Prophetie in der Zeit vor Amos, (E. Riggenbach), PTR 5 (1907), 117-118.

The Quest of the Historical Jesus (Albert Schweitzer), PTR 9 (1911), 132-141.

Recht und Schuld in der Geschichte (A. Schlatter), PTR 14 (1916), 361-362.

Reden und Aufsätze (Hermann Gunkel), PTR 12 (1914), 633-636.

Das Reich Gottes nach den synoptischen Evangelien (W. Lütgert), PRR 11 (1900), 171-174.

Die Reichsgotteshoffnung in den ältesten christlichen Dokumenten und bei Jesus (Paul Wernle), PTR 1 (1903), 298-303.

The Relation of the Apostolic Teaching to the Teaching of Christ (Robert J. Drummond), PRR 13 (1902), 473-478.

The Religion and Worship of the Synagogue (W. O. E. Oesterley and G.H. Box), PTR 7 (1909), 498-500.

Die Religion des Judentums im neutestamentlichen Zeitalter (Wilhelm Bousset), PTR 2 (1904), 159-166.

The Religion of the Old Testament (Karl Marti), PTR 8 (1910), 295-296.

The Religion of the Post-Exilic Prophets (W. H. Bennett), PTR 7 (1909), 123-126.

Die religiösen und sittlichen Anschauungen der alttestamentlichen Apokryphon und Pseudepigraphen (Ludwig Couard), PTR 7 (1909), 667-669.

The Religious Experience of Saint Paul (Percy Gardner), PTR 11 (1913), 316-320.

The Religious Ideas of the Old Testament (H. Wheeler Robinson), PTR 13 (1915), 109-111.

Der Sabbat im Alten Testament und im altjüdischen religiösen Aberglauben (Friedrich Bohn), PTR 4 (1906), 406.

Der Sohn und die Söhne (Julius Kögel), PTR 3 (1905), 487-489.

Spirit in the New Testament (Edward W. Winstanley), PTR 8 (1910), 317-320.

The Spirit of God in Biblical Literature (I. F. Wood), PTR 3 (1905), 680-685.

Sporen van animisme in het Oude Testament? (G. Ch. Aalders), PTR 13 (1915), 288-289.

St. Paul's Conception of Christianity (Alexander B. Bruce), PRR 6 (1895), 761-766.

St. Paul's Conception of the Last Things (H. A. A. Kennedy), PTR 3 (1905), 483-487.

The Teaching of Jesus Concerning the Kingdom of God and the Church (Geerhardus Vos), PTR 2 (1904), 335-336.

The Testimony of St. Paul to Christ Viewed in Some of Its Aspects (R.J. Knowling), PTR 5 (1907), 324-328.

La Theologie de Saint Paul (F. Prat), PTR 11 (1913), 126-

129.

De Theologie van Kronieken (Jelte Swart), PTR 10 (1912), 480-481.

Theologischer Jahresbericht (R. Knopf / A. Meyer), PTR 1 (1903), 655.

The Theology of Christ's Teaching (John M. King), PTR 1 (1903), 653-654.

The Theology of the Gospels (James Moffatt), PTR 13 (1915), 111-114.

The Theology of the New Testament (George B. Stevens), PRR 11 (1900), 701-706; repr. *RHBI*, 503-508.

The Theology of the Old Testament (A. B. Davidson), PTR 4 (1906), 115-120.

Theology of the Old Testament (Ch. Piepenbring), PRR 6 (1895), 149-152.

Der trinitarische Taufbefehl Matth. 28,19 (E. Riggenbach), PTR 5 (1907), 116.

Unbeachtet gebliebene Fragmente des Pelagius-Kommentars zu den Paulinischen Briefen (E. Riggenbach), PTR 5 (1907), 116-117.

De verflauwing der grenzen (Abraham Kuyper), PRR 4 (1893), 330-332; De Wachter, 1893, January 11, 1; Janurary 18, 1.

Verzeichnis der von Adolf Hilgenfeld verfassten Schriften zusammengestellt. Von den Mitgliedern der neutestamentlichen Abtheilung der theologischen Seminars der Universität Jena, 1903, ed. by Heinrich Hilgenfeld, PTR 5 (1907), 675-676.

Der Zweifel an der Messianität Jesu (A. Schlatter), PTR 7 (1909), 343-348.

사전 논문들

A. 논문 제목순

"Brotherly Love", DAC 1, 160-162.
"Covenant", DCG 1, 373-380.
"Eschatology of the New Testament", ISBE 2, 979-993.
"Fool", DB(H) 2, 43-44.
"Gehenna", ISBE 2, 1183.
"Goodness", DAC 1, 470-471.
"Hades", ISBE 2, 1314-1315.
"Joy", DAC 1, 654-655.
"Kindness", DAC 1, 673-674.
"Lake of Fire", ISBE 3, 1822.
"Last Time, Times", ISBE 3, 1840.
"Longsuffering", DAC 1, 704-705.
"Love", DAC 1, 713-717.
"New Heavens (and New Earth)", ISBE 2, 1353-1354.
"New Jerusalem", ISBE 3, 1621-1622.
"Omnipotence", ISBE 4, 2188-2190.
"Omnipresence", ISBE 4, 2190-2191.
"Omniscience", ISBE 4, 2191-2192.

"Peace",	DAC 2, 159-160.
"Perdition",	ISBE 4, 2320.
"Pity",	DAC 2, 240-241.
"Reprobate",	ISBE 4, 2560.
"Salvation",	DCG 2, 552-557.
"Savior",	DCG 2, 571-573.
"Wicked",	DAC 2, 675-676.

B. 사전순

"Fool",	DB(H) 2, 43-44.
"Covenant",	DCG 1, 373-380.
"Salvation",	DCG 2, 552-557.
"Savior",	DCG 2, 571-573.
"Brotherly Love",	DAC 1, 160-162.
"Goodness",	DAC 1, 470-471.
"Joy",	DAC 1, 654-655.
"Kindness",	DAC 1, 673-674.
"Longsuffering",	DAC 1, 704-705.
"Love",	DAC 1, 713-717.
"Peace",	DAC 2, 159-160.
"Pity",	DAC 2, 240-241.
"Wicked",	DAC 2, 675-676.

"Eschatology of the New Testament",	ISBE 2, 979-993.
"Gehenna",	ISBE 2, 1183.
"Hades",	ISBE 2, 1314-1315.
"New Heavens (and New Earth)",	ISBE 2, 1353-1354.
"New Jerusalem",	ISBE 3, 1621-1622.
"Lake of Fire",	ISBE 3, 1822.
"Last Time, Times",	ISBE 3, 1840.
"Omnipotence",	ISBE 4, 2188-2190.
"Omnipresence",	ISBE 4, 2190-2191.
"Omniscience",	ISBE 4, 2191-2192.
"Perdition",	ISBE 4, 2320.
"Reprobate",	ISBE 4, 2560.

강의원고

Geschiedenis der idolatrie, 1892 (미출판 수기 강의노트).
Natuurlijke godgeleerdheid, 1885 (미출판)
Geschiedenis der idolatrie, 1892 (미출판 수기 강의노트)
Systematische theologie, compendium, [?] (미출판 수기 강의노트)
Syllabus of Lectures on Biblical Theology, [?] (미출판)

연도미상 비분류 원고들

Biblical Theology of the Old Testament (H. Schultze의 노트)
Compendium systematische theologie (Henry Beets의 노트)
Eighth Century Prophets (H. H. Meeter의 노트)
The Eschatology of the Old Testament (H. Schultze의 노트)
Evangelien harmonie (J. B. Hoekstra의 노트)
The Fourth Gospel (H. H. Meeter의 노트)
"De geestelijke opstanding der geloovigen. Leerrede over Ephese II:4, 5", Grand Rapids: Melis (= "The Spiritual Resurrection of Believers: A Sermon on Ephesians 2:4, 5", tr. by R. B. Gaffin Jr., Kerux 5/1 [1990, May],

3-21).

Gereformeerde Dogmatiek, 5 Vols.

Hebrews (H. H. Meeter의 노트)

Hellenistic Greek Grammar (스톱 R. Stob이 칼빈 신학교 및 칼빈 대학 50주년(1876-1926) 기념본 296쪽에서 보스의 것으로 언급했다).

"The Idea of 'Fulfillment' of Prophecy in the Gospels" (repr. in RHBI, 352-354).

"New Testament Biblical Theology", Princeton: Princeton Theological Seminary.

Notebook entitled "Exegetis N. Testament" (이것은 보스의 수기원고이다. 이사야 53:1-59:3을 화란어로, 갈라디아서 4:21-6:18까지 영어로 구절마다 주석한 수기원고이다).

"Old Testament Eschatology"

Outline of Old Testament Eschatology. (위의 구약 종말론의 두 초고가 남아 있으나 둘 다 완전하지 않다. 짧은 것은 수기원고이고, 긴 것은 타이프 인쇄본이다).

Outline of Notes on New Testament Biblical Theology (Deposited in the Alumni Alcove of the Princeton Theological Seminary Library).

Pauline Eschatology (H. H. Meeter의 노트)

Pauline Soteriology, Book II (H. H. Meeter의 노트)

The Pauline Teaching in Survey, 1916-1917 (Willliam de Groot의 노트)

Rede (J. B. Hoekstra의 노트)

Stellingen over den doop (J. B. Hoekstra의 노트)

Synopsis purioris theologiae: Theologie (J. B. Hoekstra의 노트)

"The Teaching of the Epistle to the Hebrews".

신문 및 잡지 기고

"Autobiographical Notes", tr. by Van der Maas, Kerux 19/3 (2004), 6-10.

설교

"1 Corinthians 5:7", 1902 (설교), Kerux 5/3 (1990), 1-8; 『은혜와 영광』, 319-325.

"1 Corinthians 15:14", 1905 (설교), Kerux 2/2 (1987), 3-13; 『은혜와 영광』, 248-259.

"2 Corinthians 3:18" 1914 (설교); Grace and Glory (1922), 107-30, Kerux 8/1(1993), 3-19; 『은혜와 영광』, 183-200.

"Graduation Sermon on Ephesians 1:4", 1883 (미출판).

"Hebrews 12:1-3", 1902 (설교), Kerux 1/1 (1986), 4-15; 『은혜와 영광』, 220-232

"Hebrews 13:8"(설교), Kerux 4/2 (1989), 2-11; 『은혜와 영광』, 286-296.

"Isaiah 57:15"(설교), Kerux 3/1 (1988); 『은혜와 영광』, 340-357.

"Mark 10:45", 1913 (설교), Kerux 6/1 (1991), 3-15; 『은혜와 영광』, 326-339.

"Psalm 25:14", 1902 (설교), Kerux 3/1 (1988), 3-12; 『은혜와 영광』, 260-271.

"1 Peter 1:3-5", 1904 (설교), Kerux 1/2 (1986), 4-17; 『은혜와 영광』, 233-247.

"Rabboni"(설교문), Kerux 7/2 (1992), 3-14; 『은혜와 영광』, 169-182.

"Seeking and Saving the Lost"(설교), Kerux 7/1 (1992), 1-19; 『은혜와 영광』, 148-168.

번역

"Calvinism and Confessional Revision", PRR 2 (1891), 369-399 (이 논문은 카이퍼가 "Calvinisme en Revisie",

1890년에 쓴 것이다).

Calvinism. Six Stone-lectures by A. Kuyper, tr. by G. Vos, with Henry Dosker, J. H. De Vries, A. H. Huizinga, and Nicholas Steffens (이 책은 카이퍼가 1898년 프린스턴의 스톤강좌에서 강연했던 내용을 출판한 것이다. 화란어 원본은 이듬해에 출판되었다: *Het Calvinisme. Zes Stone-lezingen*, Amsterdam: Höveker & Wormser, 1899).

"Calvin and Common Grace" by Herman Bavinck, in W. P. Amstrong (ed.), *Calvin and the Reformation. Four Studies*, New York: Fleming H. Revell Co., 1909, 99-130.

The Philosophy of Revelation by Herman Bavinck, tr. by G. Vos with Nicholas Steffens and Henry Dosker, New York: Longsman, 1909 (이 책은 바빙크가 1908년 프린스턴의 스톤강좌에서 했던 강연을 출판한 것이다. 화란어 원본은 다음과 같다: *Wijsbegeerte der openbaring: Stone-lezingen voor het jaar 1908, gehouden te Princeton N.J.*, Kampen: Kok, 1908).

시집

Charis, English Verses, New Jersey: Princeton University Press, 1931.

Spiegel des doods, Grand Raids: Eerdmans, 1932 (?)

Spiegel der genade, Grand Raids: Eerdmans-Sevensma, 1922

Spiegel der natuur en lyra Angelica: Verzen 1877-1927, Princeton, 1927

Western Rhymes, Santa Anna (저자개인출판), 1933.

Zeis en garve, Santa Anna (저자개인출판), 1934.

"Dutch: The Withering of A Language", tr. by Van der Maas, Kerux 19/2 (2004), 3-10.

보스 2차 문헌

"Geerhardus Vos", Biographical Catalogue of Princeton Theological Seminary, 1815-1954, Princeton: Trustees of the Theological Seminary, 1955, 121

"Geerhardus Vos", Princeton Seminary Bulletin 43/3 (1950), 41-42 (Trustee Memorial Minute)

"Geerhardus Vos", Princeton Seminary Bulletin 43/3 (1950), 44-46 (Faculty Memorial Minute)

"Geerhardus Vos, Theologian, Dies", New York Times (Aug. 14, 1949), 68.

"Rev. Geerhardus Vos, Ph.D., D.D), PSB 26/1 (Jun. 1932), 15-16.

Timmer, Daniel C., Review of *The Eschatology of the Old Testament* by Geerhardus Vos, Koinonia 15 (2003), 154-156.

Adam, Oscar Fray, "Vos, Geerhardus", *A Dictionary of American Authors*, Boston: Houghton Mifflin Co., 1899, 399.

Anon. "Geerhardus Vos 1862-1949", The Christian Century 66, no 37 Sep 14 1949, 1087.

Anon., "Ex-Calvin Professor Dies at 87", Grand Rapids Herald, August 14, 1949.

Anon., "Ex-Professor Here Passes", Grand Rapids Press, August 13, 1949, 1.

Anon., Review of *The Mosaic Origin of the Pentateuchal Codes* by Geerhardus Vos, Southern Methodist Review 24 (1886), 115-119.

Anon., Review of *The Mosaic Origin of the Pentateuchal Codes* by Geerhardus Vos, Methodist Review 24 (1887), 478.

Baird, James Douglas, Review of *Reformed Dogmatics, Vol. 2: Anthropology* by Geerhardus Vos RTR 75 (2016), 141-142.

Baird, James Douglas, Review of *Reformed Dogmatics, Vol. 4: Soteriology. The Application of the Merits of the Mediator by the Holy Spirit* by Geerhardus Vos, SBET 34 (2016), 79-81.

Barkley, Alexander, Review of *Biblical Theology: Old and New Testaments* by Geerhardus Vos, RTR 8 (1949), 19-20.

Baxter, Tony, Review of *Grace and Glory: Sermons Preached in the Chapel of Princeton Theological Seminary*, Evangel 15 (1997), 62-63.

Beets, Henry, "Vos, Geerhardus", *Christelijke encyclopaedie voor het Nederlandsche volk*, Vol. 6, Kampen: Kok, 1925-1931 (?), 429.

Bolt, John. Review of *A Geerhardus Vos Anthology: Biblical and Theological Insights Alphabetically Arranged* by D. E. Olinger, CTJ 43 (2008), 365-366.

Bolt, John. Review of *A Geerhardus Vos Anthology: Biblical and Theological Insights Alphabetically Arranged* by D. E. Olinger, CTJ 40 (2005), 376-377.

Bolt, John., Review of *Redemptive History and Biblical Interpretation* by Geerhardus Vos, ed. R. B. Gaffin Jr., CTJ 18 (1983), 74-78.

Bolt, John., Review of *The Letters of Geerhardus Vos* by J. T. Dennison, CTR 43 (2008), 365-366.

Bouma, Clarence, "Geerhardus Vos and Biblical Theology", Calvin Forum 9/12 (Aug.-Sep. 1943), 5-6.

Brinks, Herbert, "Voices form Our Immigrant Past, the Christian Reformed Church: Phase II", The Banner (June 23, 1978), 18-19.

Bruce, Frederick Fyvie, Review of *Teaching of the Epistle to the Hebrews* by Geerhardus Vos, EvQ 28 (1956), 237-238.

Bruce, Frederick Fyvie, Review of *The Self-Disclosure of Jesus* by Geerhardus Vos, EvQ 26 (1954), 185-186.

Bruce, Frederick Fyvie, Review of *The Teaching of Jesus Concerning the Kingdom and the Church*, by Geerhardus Vos, EvQ 23 (1951), 221-223.

Carver, William Owen., Review of *The Teaching of Jesus Concerning the Kingdom and the Church*, by Geerhardus Vos, Review & Expositor 1 (1904), 395-396.

Cassidy, James J., "Election and Trinity", WTJ 71 (2009), 53-81.

Crain, Jeanie C., "Voices for the Supernatural and Revealed Word of God: John William Burgon and Geerhardus Vos", Kerux 30/2 (2015), 3-8.

Cunnington, Ralph., "The Use of the Parables of the Weeds and the Dragnet in the Development of Reformed Ecclesiology", Churchman 126 (2012), 323-346.

Daane, James, "From Which All Blessings Flow", Reformed Journal 17/2 (1967), 12-14

De Jong, Peter, "The Vos Legacy", Torch and Trumpet (Dez. 1979), 13-14.

DeKoster, Lester, "The Church and Its Committee III", Reformed Journal 17/3 (1967), 12-17.

DeKoster, Lester, "The Church and Its Committee IV", Reformed Journal 17/4 (1967), 13-18.

Dennison, Charles G., "Eschatology and Office: Isaiah

24:23", Kerux 16/2 (2001), 3-18.

Dennison, Jamens T. Jr. (?), "Gerhardus Vos: Nuggets of Gold from Hebrews", Kerux 25/3 (2010), 25-26 [Kerux 편집자들이 보스의 히브리서에 관한 저서들에서 중요한 구절들을 뽑아서 모은 짧은 엔솔로기이다].

Dennison, James T Jr, "Bibliography of the writings of Geerhardus Vos (1862-1949)", WTJ 38 (1976), 350-367.

Dennison, James T Jr. (ed.), *The Letters of Geerhardus Vos*, Phillipsburg: P&R, 2005.

Dennison, James T Jr., "Geerhardus Vos and Michael Wolter on Paul's Eschatology", Kerux 30/2 (2015) 9-15.

Dennison, James T Jr., "Geerhardus Vos, Biblical Theology and Preaching", Kerux 24/1 (2009), 17-25.

Dennison, James T Jr., "Geerhardus Vos: Life Between Two Worlds", Kerux 14/2 (1999), 18-31.

Dennison, James T Jr., "More Letters of Geerhardus Vos", Kerux 26/1 (2011), 7-29.

Dennison, James T. Jr (ed.), "G. Vos to B. B. Warfield", Kerux 25/3 (2010), 5-7.

Dennison, James T. Jr., "The Bible and the Second Coming", in John H. White, *The Book of Books: Essays on the Scriptures in Honor of Johannes G. Vos* (Phillipsburg: P&R, 1978), 55-65.

Dennison, James T. Jr., "Vos on the Sabbath: A Close Reading", Kerux 16/1 (2001), 61-70.

Dennison, James T. Jr., Review of *Grace and Glory: Sermons Preached in the Chapel of Princeton Theological Seminary*, Kerux 9/2 (1994), 55-56.

Dennison, James T., Jr., "Geerhardus Vos", in W. A. Elwell/ J. D. Weaver (eds.), *Bible Interpreters of the Twentieth Century*, Grand Rapids: Baker Books, 1999, 82-92.

Dennison, James T., Jr., "Geerhardus Vos: Life in Two Worlds", Kerux 14/2 (1999), 18-31.

Dennison, James T., Jr., "What is Biblical Theology? Reflections on the Inaugural Address of Geerhardus Vos", Kerux 2/1 (1987), 33-41.

Dennison, William D./ Baird, James Douglas, et al (eds.), In Defense of the Eschaton: Essays in Reformed Apologetics, Wipf & Stock: of Wipf and Stock Publishers, 2015.

Edgar, William, Geerhardus Vos and Culture, in L. G. Tipton/ J. C. Waddington (eds.), *Resurrection and Eschatology. Theology in Service of the Church*. Essays in Honor of Richard B. Gaffin Jr., Phillipsburg: P&R, 2008, 383-395.

Enns, Peter., "Bible in Context: The Continuing Vitality of Reformed Biblical Scholarship", WTJ 68 (2006), 203-218.

Evans, William B., "Déjà vu all over again? The Contemporary Reformed Soteriological Controversy in Historical Perspective", WTJ 72 (2010), 135-151.

Evans, William B., "Of Trajectories, Repristinations, and the Meaningful Engagement of Texts: A Reply to J. V. Fesko", WTJ 72 (2010), 403-414.

Evans, William B., "Three Current Reformed Models of Union with Christ", Presbyterion 41 (2015), 12-30.

Fesko, J V., "The Scholastic Epistemology of Geerhardus Vos", Reformed Faith & Practice 3 (2018), 21-45.

Fesko, J V., Vos and Berkhof on Union with Christ and Justification", CTJ 47 (2012), 50-71.

Fesko, J. V., "Methodology, Myth, and Misperception: A Response to William B. Evans", WTJ 72 (2010), 391-402.

Fisher, Jeffrey Arnold, "The Covenant-Idea as the Heart of Hebrews and Biblical theology: An Original Contribution of Old Princeton in the Teaching of Geerhardus Vos", CTJ 48 (2013), 270-289.

Gaffin, Richard B Jr., "The Reformed Dogmatics of Geerhardus Vos", Unio cum Christo 4 (2018), 239-245.

Gaffin, Richard B. Jr., "Geerhardus Vos and the Interpretation of Paul", in E. R. Geehan (ed.), *Jerusalem and Athens*, Philippsburg: P&R, 1971, 229-243.

Gaffin, Richard B. Jr., "Geerhardus Vos and the Interpretation of Paul (response by C Van Til)", in E. R. Geehan (ed.), *Jerusalem and Athens: Critical Discussions on the Theology and Apologetics of Cornelius Van Til* (Philadelphia: Presbyterian and Reformed Pub Co, 1971), 228-243.

Gaffin, Richard B. Jr., "Introduction" to the *Redemptive History and Biblical Interpretation*, ed. by R. B. Gaffin Jr., Philippsburg: P&R, 1980, ix-xxiii.

Gaffin, Richard B. Jr., "Systematic Theology and Biblical Theology", WTJ 38 (1976), 281-299.

Geehan, E. Robert (ed.), *Jerusalem and Athens: Critical Discussions on the Theology and Apologetics of Cornelius Van Til*, Philadelphia: P&R, 1971.

Grogan, Geoffrey W., Review of *Biblical Theology: Old and New Testaments* by Geerhardus Vos, SBET 6 (1988), 44-45.

Harinck, George, "Poetry of Theologian Geerhardus Vos", in R. P. Swierenga/J. E. Nyenhuis/N. Kennedy (eds.),

Dutch-American Arts and Letters in Historical Perspective, Holland: Van Raalte Press, 2008, 69-80.

Harinck, George., "Geerhardus Vos as Introducer of Kuyper in America", in Larry J. Wagenaar/Hans Krabbendam (eds.), *The Dutch-American Experience: Essays in Honor of Robert P Swierenga* (Amsterdam: VU Uitgeverij, 2000), 243-261.

Harinck, George., "Herman Bavinck and Geerhardus Vos", CTJ 45 (2010), 18-31.

Harman, Allan M., Review of *The Eschatology of the Old Testament* by Geerhardus Vos, RTR 61 (2002), 112.

Harms, Richard H., "Flashback: Geerhardus Vos, Calvin's First Ph.D", Calvin Spark 49/3 (2003), 13.

Hedrick, Charles Baker, Review of *The Self-Disclosure of Jesus* by Geerhardus Vos, ATJ 9 (1927), 407-408.

Herringshaw, T. W., "Geerhardus Vos", in *Harringshaw's National Library of American Biography*, Vol. 5, Chicago: American Publisher's Association, 1914, 559.

Hoekema, Anthony A., "The Christian Reformed Church and the Covenant", in Peter de Klerk and Richard R. De Ridder (eds.), *Perspectives on the Christian Reformed Church: Studies in Its History, Theology, and Ecumenicity. Presented in Honor of John Henry Kromminga and His Retirement as President of Calvin Theological Seminary* (Grand Rapids: Baker Book House, 1983), 185-201.

Jansen, John F., "Biblical Theology of Geerhardus Vos", PSB 66 (1974), 23-34.

Johnson, Elliott., "Does Hebrews Have A Covenant Theology?", The Master's Seminary Journal 21 (2010), 31-54.

Keister, Lane, Review of *Reformed dogmatics* by Geerhardus Vos, The Confessional Presbyterian 13 (2017), 174-178, 249.

Klooster, Fred H. "The kingdom of God in the History of the Christian Reformed Church", in Peter de Klerk and Richard R. De Ridder (eds.), *Perspectives on the Christian Reformed Church: Studies in Its History, Theology, and Ecumenicity. Presented in Honor of John Henry Kromminga and His Retirement as President of Calvin Theological Seminary* (Grand Rapids: Baker Book House, 1983), 203-224.

Krabbendam, Hans/Wagenaar, Larry J., The Dutch-American Experience: Essays in Honor of Robert P Swierenga, Amsterdam: VU Uitgeverij, 2000.

Kuehner, F C., Review of *Teaching of the Epistle to the He-*

brews by Geerhardus Vos, WTJ 19 (1956), 115-118.

Kwok, Benedict Hung-biu., Review of *Redemptive History and Biblical Interpretation: The Shorter Writings of Geerhardus Vos*, ed. by R. B. Gaffin Jr., Jian Dao (2003), 121-122.

Lauer, Stewart E., "Was the Ttree of Life always Off-Limits? A Critique of Vos's Answer", Kerux 16/3 (2001), 42-50.

Lints, Richard., "Two Theologies or One: Warfield and Vos on the Nature of Theology", WTJ 54 (1992), 235-253.

McEwen, W. R., Review of *The Self-Disclosure of Jesus* by Geerhardus Vos, RTR 13 (1954), 90.

McRae, C F. Review of *Pauline Eschatology* by Geerhardus Vos, Interp. 7 (1953), 112, 114.

Meek, James A., Review of *The Eschatology of the Old Testament* by Geerhardus Vos, Presbyterion 29 (2003), 114-115.

Meeter, H. Henry, "Professor Geerhardus Vos", The Banner 84 (1949), 1046-1047.

Mouw, Richard J., "Baptism and the Salvific Status of Children: An Examination of Some Intra-Reformed Debates", CTJ 41 (2006), 238-254.

O'Donnell, Laurence R III., "Not Subtle Enough: An Assessment of Modern Scholarship on Herman Bavinck's Reformulation of the *pactum salutis* Contra 'Scholastic Subtlety'", Mid-America Journal of Theology 22 (2011), 89-106.

Obituary of Geerhardus Vos, PSB 43/3 (1950), 41-42, 44-46.

Olinger, Danny E. (ed.), *A Geerhardus Vos Anthology: Biblical and Theological Insights Alphabetically Arranged*, ,by D. E. Olinger, Phillipsburg: P&R, 2005.

Olinger, Danny E., "The Writings of Geerhardus Vos", Kerux 15 (2000), 3-30.

Olinger, Danny E., "Vos's Verticalist Eschatology: A Response to Michael Williams", Kerux 7/2 (1992), 30-38.

Olinger, Danny E., Review of *The Eschatology of the Old Testament* by Geerhardus Vos, Kerux 17/1 (2002), 66-71.

Olinger, Danny E., *Geerhardus Vos: Reformed Biblical Theologian, Confessional Presbyterian*, Philadelphia: Reformed Forum, 2018.

Olinger, Danny E., "The Legacy of Geerhardus Vos", The Banner of Truth (Oct. 12, 2012).

Oliphint, K Scott., "Bavinck's Realism, the Logos Principle, and *sola scriptura*", WTJ 72 (2010), 359-390.

Poythress, Vern S., “Kinds of Biblical Theology”, WTJ 70 (2008), 129-142.

Rooker, Mark F., Review of *The Eschatology of the Old Testament* by Geerhardus Vos, Faith and Mission 20 (2002), 67-69.

Semel, Lawrence, “Geerhardus Vos and Eschatology”, Kerux 10 (1995), 25-40.

Shaw, Benjamin., “The Old Testament at Old Princeton”, The Confessional Presbyterian 8 (2012), 65-73, 282.

Shreve, Jan C., “Apples of Gold for A Needy People: Reading Geerhardus Vos”, Kerux 27 (2012), 37-40.

Strange, Daniel, Review of *Redemptive History and Biblical Interpretation: The Shorter Writings of Geerhardus Vos*, ed. by R. B. Gaffin Jr., Themelios 28 (2003), 123-124.

Taylor, Marion Ann, “Can These Dry Bones Live? Princeton’s Legendary Nineteenth-Century Old Testament Professors and What They Can Teach Us Today”, Theology Today 69 (2012), 260-273.

Travis, Stephen H., Review of *Biblical Theology: Old and New Testaments* by Geerhardus Vos, Churchman 91 (1977), 80-81.

Van den Bosch, Jacob Gradus, “Geerhardus Vos”, Reformed

Journal 4 (1954), 11-14.

Vanden Bosch, Jacob Gradus, "Geerhardus Vos", in John H. Brat (ed.), Christian Reformed Worthies, 82-87.

Vanden Bosch, Jacob Gradus, "Geerhardus Vos", Reformed Journal 4 (1954), 11-14..

Vosteen, J Peter, Review of *A Geerhardus Vos Anthology: Biblical and Theological Insights Alphabetically Arranged* by D. E. Olinger, Kerux 20/3 (2005), 50-52.

Wallace, Peter J., "The Foundations of Reformed Biblical Theology: The Development of Old Testament Theology at Old Princeton, 1812-1932", WTJ 59 (1997), 41-69.

Webster, Ransom L., "Geerhardus Vos (1862-1949): A Biographical Sketch", WTJ 40 (1978), 304-317.

Webster, Ransom L., "Geerhardus Vos (1862-1949): A Biographical Sketch", WTJ 40 (1978), 304-317.

Wood, John Halsey, "Dutch neo-Calvinism at Old Princeton: Geerhardus Vos and the Rise of Biblical Theology at Princeton Seminary", ZNThG 13 (2006) 1-22.

Wood, John Halsey, Review of *The Letters of Geerhardus Vos* by J. T. Dennison, JPH 85 (2007), 163.

Woudstra, M. H., "Geerhardus Vos", Kerux (Dez. 20, 1977), 4.

조성재, 『엄밀한 개혁주의에서 본 G. Vos의 성경신학의 역사적 방법에 대한 유용성과 한계점 고찰: 개혁주의 교의학적 성경신학 시론』, 안양대학교신학대학원 석사학위논문, 1998.

보스 글
찾아가기

칼빈 신학교(1886-1893.8)

년도	원서(화란어, 영어)	번역본	온·오프라인 참고처					
			저서	편저/사전	DC/PTSL	BTO[1]	Kerux	Arch.
1883	"Graduation Sermon on Ephesians 1:4"(미출판)							HHA
1885	*Natuurlijke godgeleerdheid*(미출판)							
1886	*The Mosaic Origin of the Pentateuchal Codes* (석사학위 논문)					Bk/Bl		
1888	*Die Kämpfe und Streitigkeiten zwischen den Banū 'Umajja und den Banū Hāšim: Eine Abhandlung von Taḳijj ad-dĭn Al-Maḳrĭzijj* (박사학위 논문, Straßburg)							

1 BTO는 www.biblicaltheology.org를 가리킨다. 여기에 들어오면, "책"(Book)과 "문헌목록"(Bibliogrpahy)이 있는데, 전자를 Bk, 후자를 Bl로 표기하겠다. 여기에 저작권이 풀린 책들을 PDF로 제작해서 올려놓았다. 내용확인을 위해서는 이 파일만으로도 충분하다. 출판된 원래 형태를 보고자 하는 사람은 인터넷 PTSL이나 Interne Archive 등의 자료를 참조하기 바란다.

	"The Prospects of American Theology"						20/1	
1889	*Review:* *Die Psalmen und die Sprüche Salomos*(F. W. Schultz/Hermann Strack), in H. Strack/O. Zöckler (eds.), *Kurzgefasster Commentar zu den heiligen Schriften Alten und Neuen Testaments*				PR 10	Bl		
1890	*Gereformeerde Dogmatiek,* 5 Vols.	God's Decrees (1952)[2]						
	"Onlangslazen wij in ..."							
	"Das 22sten en ..."							
	Rev. Riemersma verklart ..."							
	Review: *Leesboek over de Gereformeerde geloofsleer* (H. E. Gravemeijer)			RH		Bl		

2 이것은 보스의 1권 "하나님의 작정"(Gods besluiten)과 "예정"(Praedestinatie)을 영어로 번역하여 The Reformed Review (Philadelphia)에 연재한 것이다. De Klerk, Bibliography, G. Vos 40.1. 이 자료는 온라인 상에서 확인할 수 없다.

1891	"De verbondsleer in de Gereformeerde theologie"(학장취임연설)	*The Doctrine of Covenant in Reformed Theology* (1971)		RH		Bl		
	Hellenistic Greek Grammar							
	"Overlijden van student Gerrit Hendrik Hubers"							
	"Nog geen twee ..."							
	Tr. "Calvinism and Confessional Revision"(A. Kuyper)				PRR 2			
	Review: *Historisch-critisch onderzoek naar het outstaan en de verzameling van de boeken des Ouden Verbonds: De profetische boeken des Ouden Verbonds* (A. Kuenen)				PRR 2	Bl		
1892	Tr. "Recent Dogmatic Thought in the Netherlands"				PRR 3			
	Geschiedenis der idolatrie (미출판 수기 강의노트)							

1893	Review: *Prolegomena van Bijbelsche Godgeleerdheid* (E.H. van Leeuwen)				PRR 4	Bl		
	De verflauwing der grenzen (Abraham Kuyper)				PRR 4			

프린스톤 신학교(1893.9-1932)

년도	원서(화란어, 영어)	번역본	온·오프라인 참고처					
			저서	편저/사전	DC/PTSL	BTO	Kerux	IA
1894	*"The Idea of Biblical Theology as a Science and as a Theological Discipline"*		BT	RH		Bl		
	Lectures on Biblical Theology (미출판 강의노트)							
	Tr. "The Future of Calvinism" (H. Bavinck)				PRR 5			

	Review: *Old Testament Theology* (Herman Schultz)				PRR 5	Bl		
	The Doctrine of the Prophets (A. F. Kirkpatrick)				PRR 5	Bl		
	Die Predigt Jesu vom Reiche Gottes (Johannes Weiss)				PRR 5	Bl		
	Jesu Predigt in ihrem Gegensatz zum Judenthum (W. Bousset)				PRR 5	Bl		
	Jesu Verkündigung und Lehre vom Reiche Gottes in ihrer geschichtlichen Bedeutung dargestellt (Georg Schnedermann)				PRR 5	Bl		
	Alexander Comrie (A. G. Honig)				PRR 5	Bl		
	De letterkunde des Ouden Verbonds naar de tijdsorde van haar ontstaan (G. Wildeboer)				PRR 5	Bl		

	Gisbertus Voetius. Deel 1, Jeugd en academijaren, 1589-1611 (A. C. Duker)					Bl		
1895	*Geschiedenis der idolatrie* (미출판 수기 강의노트)							
	Systematische theologie, compendium (미출판 수기 강의노트)							
	Syllabus of Lectures on Biblical Theology (미출판)							
	Review: *Theology of the Old Testament* (Ch. Piepenbring)					Bl		
	New Testament Theology (Willibald Beyschlag)				PRR 6	Bl		
	St. Paul's Conception of Christianity (Alexander B. Bruce)				PRR 6	Bl		
1896	*Dogmatiek, Theologie,* Deel I							

	Dogmatiek, Anthropologie, Deel II							
	Dogmatiek, Christologie, Deel III							
	Dogmatiek, Soteriologie, Deel IV, *with Dogmatiek, Ecclesiologie, Media gradiae, Eschatologie*, Deel V							
	"Isaiah 57:15"(설교)						3/2	
	Review: *Gereformeerde Dogmatiek*, Vol. 1 (Herman Bavinck)			RH	PRR 7	Bl		
	The Messiah of the Gospels and The Messiah of the Apostles (Charles Augustus Briggs)				PRR 7	Bl		
1897	"Some Doctrinal Features of the Early Prophecies of Isaiah"				RH	Bl		

	Review: *De Mozaische oorsprong van de wetten in de boeken Exodus, Leviticus en Numeri* (Ph. J. Hoedemaker)				PRR 8	Bl		
1898	“The Modern Hypothesis and Recent Criticism of the Early Prophets” (Amos and Hosea; Isaiah 1; Isaiah 2).				PRR 9	Bl		
1899	“The Modern Hypothesis and Recent Criticism of the Early Prophets” (Isaiah 3; Micah).				PRR 10	Bl		
	“Fool”			DB(H) II				
	Review: *Gereformeerde Dogmatiek*, Vol. 2 (Herman Bavinck)			RH	PRR 10	Bl		
1900	“The Biblical Importance of the Doctrine of Preterition”			RH	Presb.	Bl		
	“The Ministry of John the Baptist”			RH	BiSt 1	Bl		

	"The Kingdom of God"			RH	PRR 11	Bl		
	Review: *Die Erwählung Israels nach der Heilsverkündigung des Apostels Paulus* (Johannes Dalmer)			RH	PRR 11	Bl		
	Das Reich Gottes nach den synoptischen Evangelien (W. Lütgert)					Bl		
	Die Bedeutung des lebendigen Christus für die Rechtfertigung nach Paulus (E. Schäder)			RH	PRR 11	Bl		
	Gottes Volk und sein Gesetz (R. F. Grau)				PRR 11	Bl		
	The Theology of the New Testament (George B. Stevens)			RH	PRR 11	Bl		
1901	"Our Lord's Doctrine of the Resurrection"			RH	BiSt 3	Bl		
	"The Pauline Conception of Reconciliation"			RH	BiSt 4	Bl		

	Review: *Die Jesajaerzählungen Jesaja 36-39* (J. Meinhold)				PRR 12	Bl		
	Entwicklungsgeschichte des Reiches Gottes (H. J. Bestmann)				PRR 12	Bl		
	Grieksch-theologisch woordenboek, hoofdzakelijk van de oud-Christelijke letterkunde (J. M. S. Baljon)				AJT 5	Bl		
1902	"The Pauline Conception of Redemption"			RH	BiSt 5	Bl		
	"The Sacrificial Idea in Paul's Doctrine of the Atonement"			RH	BiSt 6	Bl		
	"The Scriptural Doctrine of the Love of God"			RH		Bl		
	"The Nature and Aims of Biblical Theology"				UTSM 13/1	Bl	14/1	
	"Hebrews 12:1-3"(설교)						1/1	

	" Psalm 25:14"(설교)						3/1	
	"1 Corinthians 5:7"(설교)						5/3	
	Review: *The Relation of the Apostolic Teaching to the Teaching of Christ* (Robert J. Drummond)				PRR 13	Bl		
1903	*The Teaching of Jesus Concerning the Kingdom f God and the Church*	『하나님의 나라』(정정숙, 1971) 『하나님 나라와 교회』 (원광연, 1997)						
	„The Theology of Paul“			RH	BiSt 7	Bl		
	„The Alleged Legalism in Paul's Doctrine of Justification“			RH	PTR 1	Bl		
	"Hebrews 13:8"(설교)						4/2	
	Review: *Der alttestamentliche Unterbau des Reiches Gottes* (Julius Boehmer)				PTR 1	Bl		

	Die Reichsgotteshoffnung in den ältesten christlichen Dokumenten und bei Jesus (Paul Wernle)				PTR 1	Bl		
	Joseph and Moses (Buchanan Blake)				PTR 1	Bl		
	Die Gedankeneinheit des ersten Briefes Petri (Julius Kögel)				PTR 1	Bl		
	"The Theology of Christ's Teaching" (John M. King)				PTR 1	Bl		
	Theologischer Jahresbericht, 1901.							
1904	"1 Peter 1:3-5"(설교)							
	Review: *Die Religion des Judentums im neutestamentlichen Zeitalter* (Wilhelm Bousset)				PTR 2	Bl		

	The Teaching of Jesus Concerning the Kingdom of God and the Church (Geerhardus Vos)				PTR 2	Bl[3]		
	Geschichte der jüdischen Apologetik als Vorgeschichte des Christenthums (M. Friedländer)				PTR 2	Bl		
1905	"1 Corinthians 15:14"(설교)						2/2	
	Review: *Die Entstehung der paulinischen Christologie* (Martin Brückner)				PTR 3	Bl		
	Die Begriffe Geist und Leben bei Paulus in ihren Beziehungen zu einander (Emil Sokolowski)				PTR 3	Bl		
	Die Offenbarung des Johannes (Johannes Weiss)				PTR 3	Bl		

3 보스는 자신이 쓴 책을 스스로 서평했다.

	Biblische Zeitschrift in Verbindung mit der Redaktion der Biblischen Studien (Joh. Göttsberger and Jos. Eickenberger)				PTR 3	Bl		
	St. Paul's Conception of the Last Things (H. A. A. Kennedy)				PTR 3	Bl		
	Der Sohn und die Söhne (Julius Kögel)				PTR 3	Bl		
	The Spirit of God in Biblical Literature (Irving F. Wood)				PTR 3	Bl		
1906	"Christian Faith and the Truthfulness of Bible History"			RH	PTR 4	Bl		
	"Covenant"			DCG I		Bl		
	"Salvation"			DCG II		Bl		
	"Savior"			DCG II		Bl		

	Review: *The Theology of the Old Testament* (A. B. Davidson)				PTR 4	Bl		
	The Eschatology of Jesus; Or, The Kingdom Come and Coming (Lewis A. Muirhead)				PTR 4	Bl		
	The Messianic Hope in the New Testament (Shailer Mathews)				PTR 4	Bl		
	Der Sabbat im Alten Testament und im altjüdischen religiösen Aberglauben (Friedrich Bohn)				PTR 4	Bl		
	Christianity in Talmud and Midrash (R. Travers Herford)				PTR 4	Bl		
	Biblische Zeitschrift (ed. by Joh. Göttsberger and Jos. Sickenberger)				PTR 4	Bl		
1907	"The Priesthood of Christ in the Epistle to the Hebrews"	『히브리서의 교훈』(김성수, 1984), 93-120	TH	RH	PTR 5	Bl		

	Review: *Beiträge zur Förderung christlicher Theologie* (ed. A. Schlatter and W. Lütgert)				PTR 5	Bl		
	The Testimony of St. Paul to Christ Viewed in Some of Its Aspects (R. J. Knowling)				PTR 5	Bl		
	The Prophet of Nazareth (Nathaniel Schmidt)				PTR 5	Bl		
	Jesus und Paulus (Julius Kaftan)				PTR 5	Bl		
	Biblische Zeitschrift, 1906.				PTR 5	Bl		
	Verzeichnis der von Adolf Hilgenfeld verfassten Schriften				PTR 5	Bl		
1908	Review: *The Apostolic Age in Light of Modern Criticism* (James H. Ropes)				PTR 6	Bl		
	The Fourth Gospel, Its Purpose and Theology (Ernest J. Scott)				PTR 6	Bl		

	A Dictionary of Christ and the Gospels (ed. by James Hastings)				PTR 6	Bl		
1909	"Calvin and Common Grace"			CRef.	PTR 7			
	Review: *The Religion of the Post-Exilic Prophets* (W. H. Bennett)				PTR 7	Bl		
	Der Zweifel an der Messianität Jesu (A. Schlatter)				PTR 7	Bl		
	Jesus und die Heidenmission (Max Meinertz)				PTR 7	Bl		
	The Religion and Worship of the Synagogue (W. O. E. Oesterley and G. H. Box)				PTR 7	Bl		
	Die religiösen und sittlichen Anschauungen der alttestamentlichen Apokryphon und Pseudepigraphen (Ludwig Couard)				PTR 7	Bl		

1910	Review: *The Religion of the Old Testament* (Karl Marti)				PTR 8	Bl		
	Echtheit, Hauptbegriff und Gedankengang der messianischen Weissagung Is. 9, 1-6 (Wilhelm Caspari and *Gottes Angesicht* (J. Boehmer)				PTR 8	Bl		
	Jesus and the Gospel (James Denney)			RH	PTR 8	Bl		
	Spirit in the New Testament (Edward W. Winstanley)				PTR 8	Bl		
	The Background of the Gospels, Or, Judaism in the Period Between the Old and New Testaments (William Fairweather)					Bl		
	Ahasver "der ewige Jude". . . . (Eduard König)				PTR 8	Bl		

	The Holy Spirit in the New Testament, A Study of Primitive Christian Teaching (Henry B. Swete)				PTR 8	Bl		
1911	"The Pauline Eschatology and Chiliasm"		PE		PTR 9	Bl		
	Review: *The Quest of the Historical Jesus* (Albert Schweitzer)			RH	PTR 9	Bl		
	Israel's Ideal Or Studies in Old Testament Theology (John Adams)				PTR 9	Bl		
	Biblische Zeitschrift, 1909.				PTR 9	Bl		
	The Eschatological Question in the Gospels and Other Studies in Recent New Testament Criticism (Cyril W. Emmet)				PTR 9	Bl		
	New Testament Theology (Henry C. Sheldon)				PTR 9	Bl		

1912	"The Eschatological Aspect of the Pauline Conception of the Spirit"			BiThS, RH		Bl		
	Review: *Die Menschensohnfrage im letzen-Stadium* (Eduard Hertlein)				PTR 10	Bl		
	Die Handauflegung im Urchristentum nach Verwendung, Herkunft und Bedeutung in religionsgeschlichtlichem Zusammenhang untersucht (Johannes Behm)				PTR 10	Bl		
	De Theologie van Kronieken (Jelte Swart)				PTR 10	Bl		
	Der geschichtliche Jesus (Carl Clemen)				PTR 10	Bl		

	Das Aposteldekret (*Acts 15,28, 29*). *Seine Entstehung und Geltung in den ersten vier Jahrhunderten* (*Preisschrift*) (K. Six)				PTR 10	Bl		
1913	"The Range of the Logos-Title in the Prologue to the Fourth Gospel"			RH	PTR 11			
	"Mark 10:45"(설교)						6/1	
	Review: *La Theologie de Saint Paul* (F. Prat)				PTR 11	Bl		
	The Religious Experience of Saint Paul (Percy Gardner)				PTR 11	Bl		
	Der Begriff Diaqhkh im Neuen Testament (Johannes Behm)				PTR 11	Bl		
	Auferstehungshoffnung und Pneumagedanke bei Paulus (Kurt Diessner)				PTR 11	Bl		

	Der Begriff der Wahrheit in dem Evangelium und den Briefen des Johannes (F. Büchsel)				PTR 11	Bl		
1914	"'Covenant' or 'Testament'?"			RH	BM 2			
	"2 Corinthians 3:18"(설교)		GG[4]			Bl	8/1	
	Review: *Paul and His Interpreters* (Albert Schweitzer)			RH	PTR 12	Bl		
	A Critical History of the Doctrine of the Future Life and Immortality (R. H. Charles)				PTR 12	Bl		
	Primitive Christianity and Its Non-Jewish Sources (Carl Clemen)				PTR 12	Bl		
	Reden und Aufsätze (Hermann Gunkel)				PTR 12	Bl		
	Kyrios Christos (Wilhelm Bousset)			RH	PTR 12	Bl		

4 이 설교는 "더 탁월한 사역"(The More Excellent Ministry)이라는 제목으로 온·오프라인에서 모두 출판되었다.

	The Christology of St. Paul (G. Nowell Rostron)				PTR 12	Bl		
1915	"The Continuity of the Kyrios Title in the New Testament"				PTR 13			
	"Hebrews, the Epistle of the Diatheke"			RH	PTR 13			
	"Brotherly Love"			DAC I		Bl		
	"Goodness"			DAC I		Bl		
	"Joy"			DAC I		Bl		
	"Kindness"			DAC I		Bl		
	"Longsuffering"			DAC I		Bl		
	"Love"			DAC I				
	"Peace"			DAC II		Bl		
	"Pity"			DAC II		Bl		
	"Wicked"			DAC II		Bl		

	"Eschatology of the New Testament"			ISBE II, RH		Bl		
	"Gehenna"			ISBE II		Bl		
	"Hades"			ISBE II		Bl		
	"Heavens, New (and Earth, New)"			ISBE II		Bl		
	"Jerusalem, New"			ISBE III		Bl		
	"Lake of Fire"			ISBE III		Bl		
	"Last Time, Times"			ISBE III		Bl		
	"Omnipotence"			ISBE IV		Bl		
	"Omnipresence"			ISBE IV		Bl		
	"Omniscience"			ISBE IV		Bl		
	"Perdition"			ISBE IV		Bl		
	"Reprobate"			ISBE IV		Bl		

	Review: *The Religious Ideas of the Old Testament* (H. Wheeler Robinson)				PTR 13	Bl		
	The Theology of the Gospels (James Moffatt)				PTR 13	Bl		
	Buddhistische und neutestamentliche Erzählungen (Georg Faber)				PTR 13	Bl		
	Sporen van animisme in het Oude Testament? (G. Ch. Aalders)				PTR 13	Bl		
	The Christology of the Epistle to the Hebrews, Including Its Relation to the Developing Christology of the Primitive Church (Harris L. MacNeill)				PTR 13	Bl		
	Die Entstehung der Weisheit Salomos (Friedrich Focke)				PTR 13	Bl		

	Zur Geschichte der alttestamentlichen Religion in ihrer universalen Bedeutung (W. W. G. Baudissin)				PTR 13	Bl		
	Das antisemitische Hauptdogma (Eduard König)				PTR 13	Bl		
1916	"Hebrews, the Epistle of the Diatheke (concluded)"			RH	PTR 14			
	"Modern Dislike of the Messianic Consciousness of Jesus"		SD	RH	PTR 14			
	"The Ubiquity of the Messiahship in the Gospels"			RH	PTR 14			
	"The Second Coming of Our Lord and the Millennium"			RH	PTR 14	Bl		
	Review: *The Books of the Apocrypha* (W. O. E. Oesterley)				PTR 14	Bl		
	Paul's Doctrine of Redemption (Henry B. Carré)				PTR 14	Bl		

	Recht und Schuld in der Geschichte (A. Schlatter)				PTR 14	Bl		
	Het Evangelie van Markus (A. van Veldhuizen)				PTR 14	Bl		
	Het Evangelie van Mattheus (J.A.C. van Leeuwen)				PTR 14	Bl		
	Israel en de Baäls afval of ontwikkeling (J. Ridderbos)				PTR 14	Bl		
	Der Märtyrer in den Anfängen der Kirche (A. Schlatter)				PTR 14	Bl		
1917	"Kyrios Christos Controversy"				PTR 15[5]			
	Review: *Paulus en zijn brief aan de Romeinen* (A. Van Veldhuizen)				PTR 15	Bl		

5 이 "논문"은 무려 68페이지나 되는 긴 글이다. 빌헬름 부쎄(W. Bousset)는 "주 그리스도"(Kyrios Christos)라는 책을 썼는데, 이 책은 초대 교회의 기원에 관한 바우어(F. C. Bauer)의 견해만큼이나 강력한 것이었다. 베언레(Wernle)나 알트하우스(Althaus)와 같은 학자는 그의 견해를 강하게 비판했다. 이런 비평이 일어나자 부쎄 자신이 그 비평에 대한 답변을 "예수 그 주님"(Jesus der Herr)이라는 책으로 출간했는데, 바로 이 시점에 이 논문을 쓴 것이다. 보스는 그 당시 유럽에서 일어난 퀴리오스 논쟁의 상황을 자세히 보도했다.

1919	Review: *Het Evangelie van Lucas* (J. De Zwaan)				PTR 17	Bl		
	Het eeuwige leven bij Paulus (Johan T. Ubbink)				PTR 17	Bl		
1920	"The Messiahship, Formal or Essential to the Mind of Jesus?"							
	"Eschatology of the Psalter"		PE		BiRev 5			
1922	*Grace and Glory*							
	Spiegel der genade							
	"The Name 'Lord' As Used of Jesus in the Gospels"				BiRev 7			
1926	*The Self-Disclosure of Jesus, The Modern Debate about the Messianic Consciousness* (repr. 1976)							
1927	"'True' and 'Truth' in the Johannine Writings"			RH	BiRev 12			

	Spiegel der natuur en lyra Angelica							
1928	"Jeremiah's Plaint and Its Answer"			RH	PTR 26	Bl		
1929	"The Pauline Doctrine of the Resurrection"		PE		PTR 27/1			
	"Alleged Development in Paul's Teaching on the Resurrection"		PE		PTR 27/2			
	"The Structure of the Pauline Eschatology"		PE		PTR 27/3			
1930	*The Pauline Eschatology*	『바울의 종말론』 (이승구/오광만, 1989) 『바울의 종말론』(원광연, 2015)						
	The Eschatology of the Old Testament (강의계획/강의안)							
1931	*Charis, English Verses.*					Bk		
1932	*Spiegel des doods*							

은퇴 이후(1933-1949)

년도	원서(화란어, 영어)	번역본	온·오프라인 참고처					
			저서	편저/사전/잡지	DC/PTSL	BTO	Kerux	IA
1933	*Western Rhymes*					Bk		
	"Autobiographische aanteekeningen"	"Autobiographical Notes" (M. van der Maas, 2004)		Neerl. 37			19/3	
	"Taal-afsterving"	"The Withering of a Language" (M. van der Maas, 2004)		Neerl. 37			19/2	
1934	*Zeis en garve*							
	Old and New Testament Biblical Theology (Reformed Episcopal Seminary of Philadelphia; repr. 1942)							

1944	*The Teaching of the Epistle to the Hebrews* (등사판 강의노트; Reformed Episcopal Seminary of Philadelphia)[6]							
	"Pinksteren"(시)			HW 49				
	"Kerstfeest bede"(시)			HW 49				
1945	"Het kerst-evangelie"(시)			HW 50				
1947	*Old and New Testament Biblical Theology* (Toronto Baptist Seminary)							
	"Keersfeest-treuren"(시)			HW 52				
1948	*"Preface" in Biblical Theology: Old and New Testament Biblical Theology* (repr. 1975)							

6 이 책은 1956년 동일한 제목으로 출판된다. 보스의 아들 요한네스 G. 보스가 편집하고, 표현을 개정하여, 가독성을 높이고 명료성을 더했다. 내용상 변화는 없다. 필라델피아 개혁감리교회 신학교는 보스의 여러 책을 강의 당시 등사판 그대로 재판했는데, 이 책도 그 중 하나이다.

	Biblical Theology, Old and New Testaments (ed. Johannes G. Vos)	『성경신학』(박윤선, 1971)[7] 『성경신학』(이승구, 1985) 『성경신학』(원광연, 2005)						
1949	"Keersfeest-gebed"(시)			HW 54				

7 박윤선 목사님의 『성경신학』은 보스 『성경신학』의 번역서는 아니다. 이 책은 총 3부로 구성되어 있는데, 1부 서론, 2부 구약 성경신학, 3부 신약 성경신학이다. 이 중에서 박윤선 목사님은 2부는 보스의 구조를 거의 그대로 차용했다. 서론은 독창적인 부분으로 당시 성경비평적 학문운동을 비판하고 올바른 성경연구방법으로 "계시의존사색"을 제시했다. 제 3부에서 박윤선 목사님은 보스의 구조를 뒤집어서 전개했다. 보스가 세례요한과 연결된 계시에서 예수님을 통해 주어진 계시로 진행하는데 반해, 박윤선 목사님은 먼저 천국론, 공관복음의 기독론, 세례요한의 신학으로 나간다. 동시에 천국론 앞에는 신약신학 서론으로서 언약사상을 다룬 후 산상수훈에 드러난 구원론을 두었고, 세례요한의 신학 뒤에는 오순절 성령강림과 종말론, 신자의 윤리, 마지막으로 바울신학으로 진행했다. 이 책은 보스 번역서는 아니지만, 박윤선 목사님의 말씀대로 "특별히 게할더스 보스(Geerhardus Vos) 박사의 『성경신학』(Biblical Theology)에서 많이 인용하였고, 또 리델보스 박사가 저술한 『바울과 예수』(Paulus en Jezus), 『천국의 도래』(De komst van het koninkrijk), 『예수의 자기은닉과 자기계시』(Zelfopenbaring en zelfverberging)에서 많이 인용한 바 있다. 그러므로 이책은 편저(編著)의 성격을 지니고 있다."

사후 출판(1950-현재)

년도	원서(화란어, 영어)	번역본	온·오프라인 참고처					
			저서	편저/사전	DC/PTSL	BTO	Kerux	IA
1952	*"Notes on Systemic Theology"* (tr. by Marten Woudstra)			RefR(Ph)				
	The Teaching of the Epistle to the Hebrews (ed. and rewritten Johannes G. Vos)	『히브리서의 교훈』(김성수, 1984)						
1980	"Easter"			Ban. 115				
	Redemptive History and Biblical Interpretation	『구속사와 성경해석』(이길호/원광연, 1998)						
1986	"A Sermon on Hebrews 12:1-3"						1/1	
	"A Sermon on 1 Peter 1:3-5"						1/2	
1987	"A Sermon on 1 Corintians 15:14"						2/2	
1988	"A Sermon on Psalm 25:14"						3/1	

	"A Sermon on Isaiah 57:15"						3/2	
	"A Sermon on Matthew 16:24, 25"						3/3	
1989	"A Sermon on Hebrews 13:8"						4/2	
1990	"The Spiritual Resurrection of Believers: A Sermon on Ephesians 2:4, 5" (tr. by R. B. Gaffin)						5/1	
	"A Sermon on 1 Corinthians 5:7"						5/3	
1991	"A Sermon on Mark 10:45"						6/1	
	"The Wonderful Tree"		GG				6/2	
	"Hungering and Thirsting after Righteousness"		GG				6/3	
1992	"Seeking and Saving the Lost"		GG				7/1	
	"Rabboni"		GG				7/2	
1993	"The More Excellent Ministry"		GG				8/1	

1994	*Grace and Glory* (Edinburgh: Banner of Truth Trust; contains all the sermons from the 1922 edition and several more)							
2001	*The Eschatology of the Old Testament* (ed. by J. T. Dennison)	『구약의 종말론』(박규태, 2016)						
2005	The Letters of Geerhardus Vos (ed. by J. T. Dennison)